江西财经大学财税与公共管理学院

财税文库

小微企业所得税政策国际比较及税收扶持体系研究

姚林香

著

中国财经出版传媒集团
中国财政经济出版社

图书在版编目（CIP）数据

小微企业所得税政策国际比较及税收扶持体系研究 / 姚林香著. --北京：中国财政经济出版社，2019.12

ISBN 978-7-5095-9428-5

Ⅰ.①小… Ⅱ.①姚… Ⅲ.①中小企业-企业所得税-财政政策-研究-中国 Ⅳ.①F812.422

中国版本图书馆CIP数据核字（2019）第256009号

责任编辑：胡 博　　　　责任校对：胡永立

中国财政经济出版社 出版

URL：http://www.cfeph.cn

E-mail：cfeph@cfeph.cn

社址：北京市海淀区阜成路甲28号 邮政编码：100142

营销中心电话：010-88191537

北京财经印刷厂印刷 各地新华书店经销

787×1092毫米 16开 10.75印张 166 000字

2019年12月第1版 2019年12月北京第1次印刷

定价：50.00元

ISBN 978-7-5095-9428-5

（图书出现印装问题，本社负责调换）

本社质量投诉电话：010-88190744

打击盗版举报热线：010-88191661 QQ：2242791300

总　序

习近平总书记在哲学社会科学工作座谈会上指出，一个国家的发展水平，既取决于自然科学发展水平，也取决于哲学社会科学发展水平。坚持和发展中国特色社会主义，需要不断在理论和实践上进行探索，用发展着的理论指导发展着的实践。在这个过程中，哲学社会科学具有不可替代的重要地位，哲学社会科学工作者具有不可替代的重要作用。

习近平新时代中国特色社会主义思想，为我国哲学社会科学的发展提供了理论指南。党的十九大宣告："经过长期努力，中国特色社会主义进入了新时代，这是我国发展新的历史方位。"中国特色社会主义进入新时代，意味着近代以来久经磨难的中华民族迎来了从站起来、富起来到强起来的伟大飞跃。新时代是中国特色社会主义承前启后、继往开来的时代，是全面建成小康社会、进而全面建设社会主义现代化强国的时代，是中国人民过上更加美好生活、实现共同富裕的时代。

江西财经大学历来重视哲学社会科学研究，尤其是在经济学和管理学领域投入了大量的研究力量，取得了丰硕的研究成果。财税与公共管理学院是江西财经大学办学历史较为悠久的学院，学院最早可追溯至江西省立商业学校（1923 年）财政信贷科，历经近百年的积淀和传承，现已形成应用经济和公共管理比翼齐飞的学科发展格局。教师是办学之基、学院之本。近年来，该学院科研成果丰硕，学科优势突显，已培育出一支创新能力强、学术水平高的教学科研队伍。正因为有了一支敬业勤业精业、求真求实求新的教师队伍，在教育与学术研究领域勤于耕耘、勇于探索，形成了一批高质量、经受得住历史检验的成果，学院的事业发展才有了强大的根基。

为增进学术交流，财税与公共管理学院推出面向应用经济学科的“财税文库”和面向公共管理学科的“尚公文库”，遴选了一批高质量成果收录进两大文库。本次出版的财政学、公共管理两类专著中，既有资深教授的成果，也有年轻骨干教师的新作；既有视野开阔的理论研究，也有对策精准的应用研究。这反映了学院强劲的创新能力，体现着教研队伍老中青的衔接与共进。

繁荣发展哲学社会科学，要激发哲学社会科学工作者的热情与智慧，推进学科体系、学术观点、科研方法创新。我相信，本次“财税文库”和“尚公文库”的出版，必将进一步推动财税与公共管理相关领域的学术交流和深入探讨，为我国应用经济、公共管理学科的发展作出积极贡献。展望未来，期待财税与公共管理学院教师，以更加昂扬的斗志，在实现中华民族伟大复兴的历史征程中，在实现“百年名校”江财梦的孜孜追求中，有更大的作为，为学校事业振兴做出新的更大贡献。

江西财经大学党委书记

2019 年 9 月

前 言

小微企业是我国国民经济的重要组成部分，在社会经济总量中占有相当大的比重。一国经济发展要想充满活力，不仅需要规模较大的大中型企业，更需要数量庞大的小微企业。2016 年 2 月 25 日，西南财经大学中国家庭金融调查与研究中心在北京发布《小微企业税收政策研究报告》，数据显示，2014 年我国小微企业创造的最终产品和服务的价值相当于国内生产总值（GDP）的 30%，小微企业吸纳的就业人口总数为 2.37 亿人，占比提高到 30.7%。报告显示，过去两年每年有 20.8% 的小微企业诞生。中国家庭拥有小微企业的比例从 2013 年的 13.8% 上升至 2015 年的 16.5%。另据相关统计，2017 年，小微企业创造的最终产品和服务的价值已达到国内生产总值的 60% 左右。因此，小微企业已是不可忽视的“新鲜血液”，是国民经济和社会发展的重要基础。税收政策作为国家宏观调控的重要手段，对于促进小微企业发展具有重要作用。近年来，国家相继出台多项促进小微企业发展的税收优惠政策，但由于各种原因，部分小微企业没有真正享受到政策带来的实惠，企业税收负担依然较重。切实减轻小微企业的税收负担，为小微企业营造良好的发展环境，对于促进我国经济转型升级和平稳持续发展具有重要的作用。目前，我国经济呈现由高速增长转向中速增长、从要素驱动和投资驱动转向创新驱动的“新常态”，小微企业的生存状况可以反映出经济“新常态”的发展轮廓。在经济发展的新常态下，要促进小微企业发展壮大，我国小微企业税收扶持体系也要随之步入新常态。所得税是小微企业承担的主要税种，因此对小微企业所得税政策国际比较及税收扶持体系进行研究具有重要的理论价值和实践意义。

本书按照基本理论介绍、提出问题、分析问题及解决问题的思路进行了总体框架安排。本书系统地论述了小微企业的界定标准、税收政策扶持小微企业发展的理论依据及作用机理，分析了小微企业在发展过程中面临的主要问题，以促进我国小微企业发展的所得税优惠政策为主线，分析了我国在促进小微企业发展方面所采取的所得税优惠政策的不足之处，并以江西省为例，对我国小微企业所得税优惠政策执行情况及效应进行了分析。最后，在此基础上，借鉴其他国家利用所得税优惠政策促进小微企业发展的先进经验，提出了完善促进我国小微企业发展的企业所得税优惠政策建议、其他税种优惠政策建议、财政扶持政策建议及其他配套扶持措施建议。围绕主题，本书共分为 8 章，具体安排如下：

第 1 章，绪论。本章首先明确选题背景及研究意义，然后总结国内外研究现状，介绍研究思路和研究方法，最后阐述了本书的创新点和不足之处。

第 2 章，税收政策扶持小微企业发展的理论分析。首先，阐述了国内外小微企业的界定标准；其次，从发展经济、扩大就业、结构调整、技术创新、形成产业集群、健全市场经济体制等方面分析了小微企业的作用；再次，论述了税收政策扶持小微企业发展的理论依据：政府干预理论、税收激励理论、拉弗曲线、创新理论；最后，从税收的微观经济效应和宏观经济效应两方面阐述了税收政策扶持小微企业发展的作用机理。

第 3 章，我国小微企业发展现状及问题分析。首先介绍了我国小微企业的发展现状，然后阐述了小微企业发展过程中取得的成效及面临的问题。目前我国小微企业发展面临的问题主要包括税收、融资和技术创新三个方面。税收方面表现为：税收政策法律层级较低，没有形成完善的税收政策体系；小微企业税费负担较重，阻碍了小微企业发展；税收征管有待于加强。融资方面表现为：融资渠道狭窄、融资成本高、金融服务模式与小微企业特点及融资需求不匹配。技术创新方面表现为：技术创新的数量少、水平低，社会化程度低；工艺创新多，产品创新少。

第 4 章，我国小微企业所得税优惠政策及问题分析。本章在对我国小微企业所得税优惠政策进行全面梳理的基础上，指出小微企业所得税优惠政策存在以下问题：优惠政策变化频繁，缺乏稳定性；优惠政策导向性差，缺乏针对性；受惠范围相对狭窄，优惠政策执行阻力较大；直接优惠为主，间接优惠不足；税收优惠政策未能覆盖亏损小微企业；提高应纳税所得额标准所产生的效应较为低下；缺乏针对个体工商户的所得税配套优惠政策。

第5章，我国小微企业所得税优惠政策执行情况调查分析。本章采用问卷调查方式，以江西省为例，对小微企业所得税优惠政策的执行情况展开分析，得出以下结论：小微企业对所得税优惠政策都大致知悉，了解的渠道多种多样；小微企业所得税优惠政策得到小微企业的重视，但受惠面尚不普及，受惠方式也较为单一；所得税优惠政策给小微企业发展带来诸多帮助，小微企业对所得税优惠政策评价较高；小微企业所得税优惠政策还存在诸多不足，有待完善。

第6章，我国小微企业所得税优惠政策的效应分析。本章利用江西省地方税务局提供的2014—2015年度大样本微观调查数据，实证分析了小微企业所得税优惠政策的效应。研究发现，小微企业所得税优惠额在不同年份、不同资产规模、行业与征收方式之间存在显著差异。进一步地，利用标准的计量分析方法，对所得税优惠政策所具有的效应进行了分析。研究结论显示，享受所得税优惠显著地提高了小微企业的从业人数与资产规模，小微企业所享受的优惠额度则显著提高了其应纳税所得额与从业人数。因此，总体而言，针对小微企业的所得税优惠政策在一定程度上促进了小微企业的发展，对提升小微企业绩效具有显著影响。

第7章，国外小微企业所得税优惠政策的经验借鉴与启示。本章通过比较美国、法国、日本、韩国、德国、印度、巴西、俄罗斯、越南等政府扶持小微企业发展的所得税优惠政策，为我国制定促进小微企业发展的所得税政策提供经验借鉴和启示：促进中小企业发展的划分标准要与时俱进；促进中小企业发展的税收政策制定要具备刚性和系统性；促进中小企业发展的税收优惠措施要具备导向性；促进中小企业发展的税收优惠手段要呈现多样性；促进中小企业发展的税收服务方式要把握实效性；促进中小企业发展的扶持政策要相互协调和配合。

第8章，完善我国小微企业税收扶持政策体系的对策建议。完善促进我国小微企业发展的企业所得税优惠政策建议包括：统一规范小微企业认定标准，扩大小微企业实际优惠范围；加强优惠政策的导向性和针对性；制定行业地域差别的优惠政策；逐步以间接优惠方式为主，丰富运用多种间接优惠形式；延长小微企业亏损结转年限；增强提高应纳税所得额标准所产生的效应；构建针对小微企业个体工商户的所得税配套优惠政策。其他税种优惠政策建议包括完善增值税优惠政策及完善其他税优惠政策。财政扶持政策建议及其他配套扶持措施建议包括：合理利用财政补贴政策、完善政府采购制度、构建财政支持小微企业融资担保体系、设立小微企业政策性银行、建立促进小微企业发展的税收法律体系、清理规范小微企业非税费用、优化税收征管、构建多元化纳税服务体系、建立分类管理服务制度。

目　录

第 1 章

绪　论

1.1　研究背景及意义

1.1.1　研究背景

小微企业是我国国民经济的重要组成部分，在社会经济总量中占有相当大的比重。一国经济发展要想充满活力，不仅需要规模较大的大中型企业，更需要数量庞大的小微企业。小微企业的发展受到世界各国尤其是发达国家的重视，对于我们这个最大的发展中国家，在全面建设小康社会的宏伟目标下，更应重视小微企业的发展。2016 年 2 月 25 日，西南财经大学中国家庭金融调查与研究中心在北京发布《小微企业税收政策研究报告》，数据显示，2014 年我国小微企业创造的最终产品和服务的价值相当于国内生产总值（GDP）的 30%，小微企业吸纳的就业人口总数为 2.37 亿人，占比提高到 30.7%。报告显示，过去两年每年有 20.8% 的小微企业诞生，中国家庭拥有小微企业的比例从 2013 年的 13.8% 上升至 2015 年的 16.5%。另据相关统计，2017 年，小微企业创造的最终产品和服务的价值已达到 GDP 的 60% 左右。因此，小微企业已是不可忽视的“新鲜血液”，进一步促进了经济增长、人口就业和研发创新，是实现我国社会经济稳定的生力军。

一个国家或地区的税收优惠政策的制定与改革，从宏观上说可以影响产业结构、资源配置、企业改制，从微观上说可以影响企业的资本融资、产品营销、内部管理等方面。目前，我国经济呈现由高速增长转向中高速增长、结构不断优化升级、从要素驱动与投资驱动转向创新驱动的“新常态”，小微企业的生存状况可以反映出经济“新常态”的发展轮廓。国家相继出台多项促进小微企业发展的税收优惠政策，但由于各种原因，部分小微企业没有真正享受到政策带来的实惠，企业税费负担较重。与发达国家相比，我国小微企业平均寿命只有2.5年，同时还面临着生产要素成本不断增加、企业转型升级困难、融资难、融资成本高等问题。因此，切实减轻小微企业的税收负担，为小微企业营造良好的发展环境，对于促进我国经济转型升级和平稳持续发展具有重要的作用。在经济发展的新常态下，要想促进小微企业发展壮大，税收优惠政策也要随之步入新常态，充分利用税收对小微企业的杠杆作用，对于切实为小微企业减负，促进小微企业健康可持续发展显得尤其重要。

1.1.2 研究意义

1.1.2.1 理论意义

目前，我国小微企业在发展过程中逐渐暴露出许多问题，包括技术水平落后、市场竞争力不强以及劳动生产效率低下等，而且受到市场经济波动的影响也较为明显，从而阻碍了小微企业进一步发展壮大。所以，如何利用税收政策帮助小微企业有效化解生存风险，充分发挥其优势作用，推动产业价值链的升级，成为摆在我们面前的一个特别重要的课题，值得我们进一步认真研究。本书通过科学论述税收政策扶持小微企业发展的作用机理和功能定位以及对税收政策促进小微企业发展的效应分析，补充和丰富了我国税收调控理论。

1.1.2.2 现实意义

税收政策是我国宏观经济政策的重要组成部分，对我国支持小微企业发展的税收政策进行研究比较，有利于我国小微企业社会化服务体系的建立，加快小微企业的科技创新速度，提升可持续发展能力，继而促进整个国民经济的发展。本书在充分借鉴国外小微企业所得税政策经验的基础上，提出完善我国小微企业所得税优惠政策及其他财税扶持政策的对策建议，对促进小微企业的发展具有重要的指导作用与实践意义。

1.2　文献综述

1.2.1　国外研究现状

发达国家较早实行市场经济，对小微企业的研究较多。尽管对小微企业的认识有所不同，但在研究政府对小微企业的扶持政策方面积累了许多有益经验，并提出了相关的政策措施。国外研究主要集中在以下方面。

1.2.1.1　关于扶持小微企业发展的必要性研究

古典经济学派认为，理想中的完全竞争市场达到了帕累托最优状态，而市场失灵则会降低效率，尤其是市场失灵中的垄断会降低产量，损害消费者利益，偏离社会公平。因此，世界各国都非常重视反垄断，强调市场的公平竞争，通过立法和管制等措施将反垄断作为公共经济政策的核心问题之一。而小微企业的健康发展，不仅可以矫正市场失灵，促进公平竞争、提高效率，而且有利于提高消费者剩余，维护消费者的利益。剑桥学派创始人阿尔弗雷德·马歇尔（Alfred Marshall，1981）借助生物学理论，即著名的“森林比喻说”以解释垄断资本主义时期小微企业存在和发展的现象，指出小微企业存在的客观必然性。大卫·伯奇（David Birch，1981）认为美国超过 80% 的新工作岗位是由小企业而非大企业提供的。威廉·鲍莫尔（William J. Baumol，2002）通过实证研究认为小企业极大地推动了市场经济的发展，而且为推动创新活动的进一步发展做出了很大的贡献。吉恩斯·马斯克和迈克尔·伍兹（GIenn Musk & Michael Woods，2004）认为小微企业是许多地区特别是乡村地区的经济引擎，可以促进当地经济发展、增加就业机会、创造外汇。

1.2.1.2　关于中国小微企业状况研究

改革开放以来，我国小微企业发展呈现出从无到有并逐步壮大的态势。安德森等（Alistair R. Anderson et al.，2003）指出，自中国改革开放和建立社会主义市场经济以来，呈现出大型企业数量下降，小企业数量快速上升的现象。中国从 1979 年没有小企业，到 1999 年有超过 1000 万中小企业注册，小企业占了当时企业数量 90% 的现象表明，小企业已渐渐成为中国国民经济的重要组成部分。对此，艾伦吉布和李钧（Allan Gibb & Jun Li，2003）也持同样的观点。他们认为，在过去10年中，中国能够成为快速发展的社会主义市场经济国家，很大程度上来自小企业所带来的经济增长，尤其是主要构成为微型、小型和中型的乡镇企业，并且这种企业主要由当地的组织或者政府控制，这与其他国家的经济发展方式存在明显差异。

1.2.1.3 关于小微企业面临困境的研究

关于小微企业面临困境的研究，分为外部和内部两个方面。关于外部困境，有学者研究发现，无论以何种理由，绝大多数的小企业很难获得外部融资的支持（Chilosi，2001；Beaver，2002）。许多经济学者普遍的观点认为，信贷市场的不完善以及范围的严格限制，使小企业的融资问题难以得到解决，即便是在经济发达的国家也是如此。另外，小微企业面临政府政策的歧视困境。罗伯特·杨（Robert C. Young，1993）认为，小企业虽然对就业和生产率作出了重要的贡献，而且在资源的利用上往往比大企业更高效，但是往往受到政府政策的歧视，尤其是在农业、金融、财税和贸易政策上。在内部缺陷方面，卢西尔（Lussier，1996）、马哈底亚（Mahadea，1996）、艾哈迈德（Ahmad，2010）和艾哈迈德（Ahmad，2011）等的研究表明，小企业缺乏所经营领域的经验，特别是技术知识缺乏、管理技能不足，缺乏对发展前景规划意识，缺乏市场调研的经验和没有进行必要的员工培训等。

1.2.1.4 关于扶持小微企业发展的财税政策研究

财税政策是政府调控经济的重要手段，也是扶持企业发展的主要工具之一。霍尔 和罗伯特（Robort & Hall，1967）以新古典最优积累理论为基础，分析了税收政策与投资支出二者的关系，得出政府采取税收抵免和补贴会不同程度地影响企业开发投资的结论。金和富勒顿（King & Fullerton，1984）提出边际有效税率，认为边际有效税率是税前收益率与税后收益率之间的差额，此方法被广泛应用于评价各种税收激励效应，从而鼓励企业税收优惠活动的额外投资。霍勒曼和斯莱沃根（Holemans & Sleuwargen，1988）以1980—1984年比利时的企业规模作为控制变量，政府的研发补贴作为自变量，私人企业的研发投资作为因变量，得出政府为各类企业每增加1个单位的补贴进而带动企业研发投资增加0.25—0.48个单位。豪厄尔·泽和珍妮特（Howell H. Zee & Janet

G.，2002）对各国的税收激励政策带来投资效果进行分析，主要结论为税收激励政策能够带动和刺激市场活力，可以快速收回投资成本。阿莱辛那、卡明斯和阿尔法罗（Alesina & Cummins & Alfaro，2002）认为，财税政策可以刺激企业发展，提高获利水平，促进规模扩张。阿斯特拉罕和查普尔科（I. Astrakhan & A. Chepurnko，2003）针对 1995—1998 年俄罗斯中小企业雇佣劳动力数量急剧下降和国内的经济形势，指出政府必须加大对中小企业财税扶持力度，促进小微企业发展壮大。范·波德斯贝格（Van Pottelsberghe，2003）调研了 17 个 OECD 国家的基本数据，分析得出税收激励对企业的创新活动有负的价格弹性，税收激励政策可以促进社会的技术创新活动。尼古拉斯·奥迪安博（Nicholas M. Odhiambo，2010）研究了金融体系、中小企业融资和经济增长的关系，将金融体系的二元化与经济增长之间的关系转化为 M2/GDP 模型，得出企业融资和经济增长取决于金融体制，认为政府应该充分运用财政政策，积极引导金融体制改革，完善中小企业发展的外部环境，才能更好地促进国民经济发展。崇维莱万和约辛（Chongvilaivan & Yothin，2010）选取了 139 个国家 1997—2008 年的数据，以 4 万余个企业为样本，通过实证研究表明，公司有效税率与企业规模增长是正相关的。拉达斯、安尼奇一世、塔夫罗亚（Radas S，Anić I D，Tafro A，2015）研究财政政策与税收优惠对中小企业创新的效应，得出结论为：财政补贴更适合大型研发、创新项目，而税收优惠政策在中小企业能够负担起的常规研发项目中效果更佳。有学者提出，税收优惠政策能够有效解决市场失灵的问题，税收优惠政策能够激励小微企业研发创新，从而充分激发小微企业的发展潜力，确保小微企业在市场竞争中占有一定的优势（Hong C & Lee J D，2016）。

1.2.2　国内研究现状

2011 年 7 月，工业和信息化部、国家统计局、国家发改委和财政部研究制定了《中小企业划型标准规定》，中小企业划分为中型、小型、微型三种类型，具体标准根据企业从业人员、营业收入、资产总额等指标，结合行业特点制定。从此规定开始，国内学者对中小型企业的研究也丰富了起来。纵观国内的研究成果，对小微企业及其财税政策进行的研究主要集中在以下几个方面。

1.2.2.1 关于扶持小微企业发展的必要性的研究

小微企业是我国经济结构的有机组成部分。陈金波（2008）在对国内外有关研究成果进行回顾和总结的基础上，界定了小微企业的规模范围，从企业规模、企业结构、经营特点与企业产权等方面论述了小微企业的主要发展优势，最后从经济与企业发展、企业家精神的培养、扩大就业和社会稳定、和谐社会的构建等方面论述了小微企业对于我国经济与社会发展的重要意义。施向军（2012）认为，小微企业已经是GDP60%的创造者，收入总额占到了中国经济总量的57%，税收收入则有四成，是推动中国经济快速发展当之无愧的“轻骑兵”。张伦伦、李建军、钟毅（2013）指出，小微企业的作用无可估量，主要表现在增加就业岗位，促进经济稳定发展，激发科技创新灵感，减少贫困人口，缩短城乡收入差距。安体富、杨金亮（2012）在分析小微企业在国民经济的重要地位和作用的基础上认为，政府必须加大税收政策对小微企业的扶持。王海京（2013）指出，小微企业是社会安置就业的重要渠道，是创造国民财富的重要阵地，是科技创新的重要力量。他还指出小微企业为企业管理培养优秀人才。陈晓、钟宇等（2015）提到，目前我国经济处于转型的关键时期，小微企业的发展壮大对增加就业、促进经济增长、科技创新和维持社会稳定方面发挥着不可替代的作用。国家应对小微企业进行必要的扶持。田发、谢凡（2018）认为，小微企业是“大众创业、万众创新”的生力军，扶持小微企业发展将有助于活跃市场经济、拓展就业渠道、促进技术革新，从而打造“双创”背景下繁荣经济的新平台，因而政府应出台相应的税收优惠政策促进小微企业发展。

1.2.2.2 关于小微企业发展中所面临的问题的研究

近年来，我国小微企业发展也面临着各种问题与制约。何健聪（2011）采用调查问卷的方式对小微企业的融资、税负问题进行实证研究认为，小微企业融资渠道狭窄，税负较高。辜胜阻、杨威、李洪斌（2011）指出，我国小微企业面临着“融资困难、用工艰难、需求萎缩、负担沉重、成本升高、利润微薄”等困境。王景峰、王佳锐（2011）将我国小微企业发展面临的问题归纳为：享受国家政策少；融资困难；高级人才缺乏，创新能力不高；企业自身管理缺陷；“流星”企业数量大。段素从（2012）指出了小微企业在我国的重要性，着重分析了当前小微企业面临的税费负担重、成本压力大和融资困难等主要困境。白景明（2012）认为，“融资难”问题是困扰我国小微企业发展的核心问题。李强、刘静（2012）指出，微型企业处于企业界的金字塔最低端，作为数量最大的一个群体，无论是从业人数、营业收入，还是资产总额都存在一定的劣势。微型企业缺乏管理规范，融资约束严重等问题也严重制约了地区经济的发展。马乃云、张安安（2012）认为，由于欧债危机、生产要素成本上升和货币政策紧缩等多重压力，小微企业面临着融资困难及倒闭的风险，并且认为政府的财税政策效果不佳，难以缓解企业困境。高现广（2013）认为，我国小微企业现阶段面临生产经营成本增加、税费负担过重，社会服务体系不健全，自身管理水平比较低，科技创新能力比较弱，融资难等问题。周霖、温瑞、付志强（2017）认为，小微企业存在融资难的问题，一方面是由于大银行与小企业存在资源错配，另一方面是否定了民间借贷对小微企业融资的促进作用。

1.2.2.3　关于扶持小微企业发展的财税政策效应分析的研究

理论界对财税政策扶持小微企业发展也给予高度关注。林万龙、张莉琴（2004）运用58家中小企业的数据实证分析表明，我国政府对中小企业的扶持政策效率低下，特别在税收减免政策和财政补贴的操作上存在巨大偏差。李志军、李富生（2008）对北京市已注册的200家为中小企业提供信用担保的政策性信用担保机构进行调查研究，并对政策性信用担保机构的基本数据与财政政策的扶持效果进行评价，提出政府应该将扶持重点由政策性担保机构向政策性担保业务转变。黄洁莉（2012）运用绩效评价方法，分析了构建小微企业的财税扶持政策绩效评价制度的必要性，并提出了构建绩效评价体系的具体做法，包括绩效评价的方法、绩效评价的原则、绩效评价的内容和指标以及配套措施，进而评价财税政策是否对小微企业产生帮助、哪些财税政策对小微企业的扶持更为有效等问题。邱峰（2012）实证分析了结构性减税对小微企业的支持效应，提出了减税在财富创造和促进小微企业发展中的重要意义。肖念涛、谢赤（2013）基于政策分析视角，从政策制定评估、实施评估和绩效评价三个方面构建了小微企业财政扶持政策的评价指标体系，在充分考虑定性指标和定量指标的基础上，运用 ANP 方法和模糊综合评价方法对扶持小微企业发展的财政政策进行效果评价，并构建了相关理论框架。兰飞、李扬子

(2014）采取问卷调查的方式来评价小微企业的财税政策实施效果，提出对小微企业的激励应该从事后激励转向事前激励，从而更好地促进小微企业发展。孙玉栋、孟凡达（2016）实证发现，小微企业对于当前的税费负担实际规模并不敏感，证明小规模的减税政策不会影响企业税负感；并且从税负感影响因素分析来看，相对于普惠型税收优惠政策，能否享受指向型税收优惠政策对企业的税负感影响更大。吴国荣（2017）通过问卷调查来评估小微企业税收优惠政策的执行情况，发现其对减轻税负、促进就业、支持实体经济发展、促进社会和谐稳定等作用显著。

1.2.2.4 关于小微企业现行税收扶持政策问题的研究

当前，我国现行扶持小微企业发展的税收政策也存在着诸多的问题。张龙、张济平（2003）指出，中小企业享受的税收优惠主要以税率式为主，缺少国际上通行的费用扣除、折旧加速、投资抵免和技术开发基金等多种形式的税收优惠政策。刘航、刘志峰（2012）认为，高税收和不合理的税收结构是严重削弱我国小微企业自我积累的能力，影响小微企业内源融资水平的主要问题。刘金玲、李东波（2012）指出，现行小微企业所得税优惠政策主要存在对小微企业税收优惠缺乏系统和明确的目标、所得税税率仍然偏高、有些优惠政策对小微企业有实质性歧视等方面的问题。梁玉涛（2015）提出，小微企业相关税制不完善、税收优惠政策导向不明确、税务服务体系不完善是阻碍小微企业健康发展的主要问题。贺宏（2015）认为，现阶段，小微企业所得税优惠政策仅限于法人型小微企业，对于缴纳个税的个体工商户、个人独资企业和合伙企业等非法人的小微企业缺乏考虑。胡昌宏、刘国艳（2017）在梳理了小微企业税收政策的基础上，发现国家虽然已经出台了众多优惠政策，但企业仍然没有享受到许多优惠，其原因主要是小微企业税收稳定性不强，增值税起征点式优惠政策每年延期等。孙衍炜（2017）从税务部门政策执行角度分析，提出税收政策主要存在以下三个问题：一是税务部门机构设置不完善；二是政策执行评价监督机制不健全；三是执法人员水平能力不高。宋丽颖、刘明权、刘源（2017）认为，小微企业享受税收优惠所需的申报程序复杂，企业的税收遵从成本很高，过高的操作成本和时间成本弱化了税收优惠效果，也打击了小微企业申请减免的积极性。

1.2.2.5 关于扶持小微企业发展的税收政策建议的研究

国内学者对扶持小微企业发展的税收政策做了大量的研究。郭庆旺（1995）研究了政府税收与经济发展的关系，提出建立抵免税制度可以促进中小企业发展壮大的建议。张文春（2011）在结合国际实践与我国现状的基础上，认为鼓励小微企业发展壮大，应该以减轻税负提高纳税遵从为导向，对我国现行的税收政策和税收管理进行改革。厉以宁（2012）在对贵州和江苏等地的小微企业进行考察后指出，让小微企业享受免税优惠是现阶段促就业、稳增长、鼓励创业的最好政策。王玺、王蔚（2012）根据企业生命周期理论，通过横向国际比较和对现行税制的具体评价，建议在小微企业的创业期、成长期和成熟期采取不同的税收优惠政策，具体包括：在小微企业创业期，政府应加大投资、融资扶持力度；在成长期对购置的设备给予税收优惠；在成熟期运用低税率和再投资抵免政策，从而有效减少小微企业的税费负担，体现了因时制宜的政策策略。张伦伦（2013）论证了小微企业享受税收优惠的理论依据，认为税收优惠政策可以促进就业和稳定经济主体，帮扶小微企业是减少贫困和缩小收入差距的主要方式，纠正现实中税负从大企业流向小企业的流转偏差，必须强调税收公平。鲁元平、朱跃序、王伟域（2013）从减轻小微企业税负、鼓励创建、投资小微企业以及促进小微企业创新等方面，分别提出促进我国小微企业发展的税收政策建议，重点解决小微企业税收负担问题。马莹、王永琦（2019）提出，应先建立小微企业标准，在此基础上系统构建税收优惠政策，企业所得税方面可出台微型企业免税、小型企业减按更低税率缴税、延长亏损弥补年限等政策，增值税方面可将起征点优惠改为免征额优惠、在小微企业中实行留抵退税制度，个人所得税可实行个体工商户减计收入等。

1.2.3 文献评述

从现有的研究成果分析可以看出，在研究内容上，学术界对当前小微企业的税收政策研究偏重于理论方面的分析，而对小微企业税收优惠政策所带来的效应分析的实证研究少；在研究视角上，宏观层面的研究成果多，微观角度的研究较少；在研究方法上，理论定性的阐述较多，实证和定量的分析较少。对实施小微企业税收优惠政策所带来的效应分析，尤其是所得税税收优惠政策所达到的预期效果进行评估的研究，目前学术界少有涉及，此外，对所得税的国际比较的研究也较少，这正是本书需要进一步研究的内容。

1.3 研究思路与方法

1.3.1 研究思路

本书按照基本理论介绍、提出问题、分析问题及解决问题的思路进行了总体框架安排。本书系统地论述了小微企业的界定标准、税收政策扶持小微企业发展的理论依据及作用机理，分析了小微企业在发展过程中面临的主要问题，以促进我国小微企业发展的所得税优惠政策为主线，分析了我国在促进小微企业发展方面所采取的所得税优惠政策的不足之处，并以江西省为例，对我国小微企业所得税优惠政策执行情况及效应进行了分析。在此基础上，借鉴其他国家利用所得税优惠政策促进小微企业发展的先进经验，提出了完善我国小微企业所得税优惠政策建议和财政扶持政策建议及其他配套扶持措施建议。全书共分为8章，具体安排如下：

第1章，绪论。本章首先明确选题背景及研究意义，然后总结国内外研究现状，介绍研究思路和研究方法，最后阐述了本书的创新点和不足之处。

第2章，税收政策扶持小微企业发展的理论分析。本章对国内外小微企业的界定标准、小微企业作用、税收政策扶持小微企业发展的理论依据及作用机理等进行了全面阐述。

第3章，我国小微企业发展现状及问题分析。本章首先介绍了我国小微企业的发展现状，然后阐述了小微企业发展过程中取得的成效及面临的问题。

第4章，我国小微企业所得税优惠政策及问题分析。本章在对我国现行小微企业税收优惠政策进行梳理的基础上，指出了小微企业所得税优惠政策存在的问题。

第5章，我国小微企业所得税优惠政策执行情况调查分析。本章采用问卷调查方式，以江西省为例，对小微企业所得税优惠政策的执行情况展开分析。

第6章，我国小微企业所得税优惠政策的效应分析。本章利用江西省地方税务局提供的 2014—2015 年大样本微观调查数据，实证分析小微企业所得税优惠政策的效应，为相关政策研究提供一定的经验证据。

第 7 章，国外小微企业所得税优惠政策的经验借鉴与启示。本章通过比较美国、法国、日本、韩国、德国、印度、巴西、俄罗斯、越南等政府扶持小微企业发展的所得税优惠政策，为我国制定促进小微企业发展的所得税政策提供经验借鉴和启示。

第 8 章，完善我国小微企业税收扶持政策体系的对策建议。包括完善促进我国小微企业发展的企业所得税优惠政策建议、其他税种优惠政策建议、财政扶持政策建议及其他配套扶持措施建议。

1.3.2　研究方法

本书主要采取以下方法进行研究。

（1）文献分析法。通过阅读大量的文献了解国内外学者对小微企业发展的研究，查阅相关税收优惠政策、统计年鉴等，从中把控我国小微企业生存和发展的现状，以及现行优惠政策对小微企业发展的影响力度。

（2）调查问卷法。为了更加全面具体地分析目前小微企业的所得税优惠政策执行情况，本书采用问卷调查方式对小微企业所得税优惠政策的执行情况展开分析。

（3）实证分析法。本书利用江西省地方税务局提供的 2014—2015 年大样本微观调查数据，实证分析小微企业所得税优惠政策的效应，为相关政策研究提供一定的经验证据。

（4）比较分析法。本书通过比较美国、法国、日本、韩国、德国、印度、巴西、俄罗斯、越南等政府扶持小微企业的所得税优惠政策，为我国制定促进小微企业发展的所得税优惠政策提供经验借鉴和启示。

1.4　创新点与不足之处

1.4.1　可能创新点

（1）在采用问卷调查方式对小微企业所得税优惠政策的执行情况展开分

析的基础上，利用江西省地方税务局提供的2014—2015年大样本微观调查数据，实证分析小微企业所得税优惠政策的效应，为相关政策研究提供一定的经验证据。

（2）将财税政策与国家重大战略决策结合起来研究，在遵循“系统性、针对性、长效性、可操作性”原则的基础上，提出更加切合实际的促进小微企业发展的财税政策与配套措施。

（3）通过全面系统比较美国、法国、日本、韩国、德国、印度、巴西、俄罗斯、越南等政府扶持小微企业的所得税优惠政策，为我国制定促进小微企业发展的所得税优惠政策提供经验借鉴和启示。

1.4.2 不足之处

受时间及数据所限，对小微企业所得税优惠政策的执行情况及小微企业所得税优惠政策效应的分析还不够全面。

第 2 章

税收政策扶持小微企业发展的理论分析

2.1 小微企业的界定

2.1.1 国外小微企业的界定

小微企业在世界范围内属于历史概念。在国际上，各国对小微企业的界定标准各不相同，即使是同一国家，在经济发展的不同时期，对小微企业的外延界定都是不断变化的。一般来说，界定小微企业的常用指标主要包括销售额、雇员数量、资产总额、进出口额等。国际上小微企业的界定标准具体如表 2 - 1 所示。

表 2 - 1　　世界典型国家和地区小微企业的界定标准

国家、地区及机构	小微企业的界定标准
美国	主要是依据企业资产和雇员人数来划分的。制造业为雇员人数在 500 人以下，批发业为雇员人数在 100 人以下；农业为资产总额在 75 万美元以下；零售业为资产总额在 600 万美元以下；建筑业为资产总额在 2850 万美元以下；商务服务和个人服务业为资产总额在 600 万美元以下
欧盟	依据欧盟最新标准，微型企业的标准为职员人数在 10 人或以下，资产总额在 200 万欧元以下；而小型企业则为职员人数在 10—50 人之间，资产总额不超过 1000 万欧元

续表

国家、地区及机构	小微企业的界定标准
英国	小企业：制造业雇员人数少于 200 人。矿业、建设业雇员人数少于 25 人。零售业、批发业年销售收入低于 18.5 万英镑和 73 万英镑
法国	小企业：手工业雇佣人数小于 10 人。服务业和制造业雇佣人数高于 11 人，少于 500 人
日本	小企业：制造业雇员人数小于 300 人，资产额少于 3 亿日元； 零售业雇员人数少于 50 人，资产额少于 5000 万日元； 服务业雇员人数少于 100 人，资产额少于 5000 万日元
新加坡	小企业：凡是生产地固定资产低于 200 万新元的企业
世界银行	小型企业：雇员人数 10—50 人，资产总额在 10 万—300 万美元之间；微型企业：雇员人数 10 人或以下，资产总额不超过 10 万美元

资料来源：根据相关文献整理。

从表 2－1 中可以看出，当前不同国家对小微企业的界定仍存在一定的差异，总体来说有以下三类界定小微企业的标准：一是将企业雇佣人数规定为唯一的界定标准；二是综合使用营业额及企业雇佣人数作为界定标准；三是使用企业营业额、企业资本额或者企业雇佣人数任一指标作为界定标准。到目前为止，并不存在一个绝对的小微企业界定标准来适合每个国家。纵观国外对小微企业的界定方法，则具有一定的共性，主要包括定性、定量或定性与定量相结合的方法。虽然界定方法各有不同，但是界定结果在某些方面表现出一定程度的相似性。

2.1.2 我国小微企业的界定

我国对于小企业的划分，还处在以定量划分为主的阶段，尤其是在一些官方发布或者权威机构的划分中，准确的定性划分几乎没有。我国以前都是按照世界上其他国家的分类方法对小企业进行归类，近几年，才开始逐渐对微型企业进行单独统计和划分。我国“小微企业”的概念是在对中小企业定义不断完善的过程中提出的，我国“小微企业”的界定大致经历了以下几个阶段：20 世纪 50 年代，我国主要按照职工人数来对企业类型进行划分，500 人以下为小型企业，500—3000 人为中型企业，3000 人以上为大型企业。1978 年，国家计委发布的《关于基本建设项目的大中型企业划分标准的规定》以“年综合生产能力”为划分标准。1988 年，国家经委牵头五部委联合颁布了《大中小型企业划分标准》，初步将各行业企业进行分类，分类指标主要参考企业的固定资产总值以及生产创造能力。1994 年，我国开始了以工商企业上缴增值税取代上缴营业税的税收体制改革，按照应税销售额相应地对纳税中小企业做了粗略划分。1996 年 5 月，我国颁布了《批发零售贸易业、对外贸易业、餐饮业小型企业划分标准》，规定批发业年销售收入 2000 万元以下，零售业年销售收入 500 万元以下，餐饮业年销售收入 200 万元以下的为小型企业。1999 年，我国再次对 1988 年制定的标准进行修改，将销售收入和资产总额作为主要考察指标，分为特大型、大型、中型、小型四类，其中，年销售收入和资产总额均在 5 亿元以下、5000 万元以上的为中型企业，年销售收入和资产总额均在 5000 万元以下的为小型企业。2002 年，全国人大决定从 2003 年 1 月 1 日起正式实施《中华人民共和国中小企业促进法》。2003 年，国家经贸委等四部委颁布《中小企业划分标准》，根据职工人数、销售额、资产总额三项指标，结合行业特点将企业进行大型企业、中型企业、小型企业以及微型企业的分类。至此，我国对中小企业的划分标准已相对细化，为小微企业概念的“诞生”作了铺垫。

2011 年 6 月，根据《中华人民共和国中小企业促进法》和《国务院关于进一步促进中小企业发展的若干意见》（国发〔2009〕36 号），工业和信息化部、国家统计局、国家发展和改革委员会、财政部联合发布了《中小企业划型标准规定的通知》（工信部联企业〔2011〕300 号），根据企业从业人员、营业收入、资产总额等指标，结合行业特点，将中小企业划分为中型、小型、微型三种类型。对中小企业的划分标准以及各类型企业的分类指标内容如表 2－2 所示。

表 2－2　　我国中小企业划型标准规定

行　业	中型企业	小型企业	微型企业
农、林、牧、渔业	营业收入 500 万—20000 万元	营业收入 50 万—500 万元	营业收入 50 万元以下

续表

行　业	中型企业	小型企业	微型企业
工业	从业人员 300—2000 人，且营业收入 2000 万—40000 万元	从业人员 20—300 人，且营业收入 300 万—2000 万元	从业人员 20 人以下，或营业收入 300 万元以下
建筑业	营业收入 6000 万—80000 万元，且资产总额 5000 万—80000 万元	营业收入 300 万—6000 万元，且资产总额 300 万—5000 万元	营业收入 300 万元以下或资产总额 300 万元以下
批发业	从业人员 20—400 人，且营业收入 5000 万—40000 万元	从业人员 5—20 人，且营业收入 1000 万—5000 万元	从业人员 5 人以下或营业收入 1000 万元以下
零售业	从业人员 50—300 人，且营业收入 500 万—20000 万元	从业人员 10—50 人，且营业收入 100 万—500 万元	从业人员 10 人以下或营业收入 100 万元以下
交通运输业	从业人员 300—1000 人，且营业收入 3000 万—30000 万元	从业人员 20—300 人，且营业收入 200 万—3000 万元	从业人员 20 人以下或营业收入 200 万元以下
仓储业	从业人员 100—200 人，且营业收入 1000 万—30000 万元	从业人员 20—100 人，且营业收入 100 万—1000 万元	从业人员 20 人以下或营业收入 100 万元以下
邮政业	从业人员 300—1000 人，且营业收入 2000 万—30000 万元	从业人员 20—300 人，且营业收入 100 万—2000 万元	从业人员 20 人以下或营业收入 100 万元以下
住宿业	从业人员 100—300 人，且营业收入 2000 万—10000 万元	从业人员 10—100 人，且营业收入 100 万—2000 万元	从业人员 10 人以下或营业收入 100 万元以下
餐饮业	从业人员 100—300 人，且营业收入 2000 万—10000 万元	从业人员 10—100 人，且营业收入 100 万—2000 万元	从业人员 10 人以下或营业收入 100 万元以下

续表

行　业	中型企业	小型企业	微型企业
信息传输业	从业人员 100—2000 人，且营业收入 1000 万—100000 万元	从业人员 10—100 人，且营业收入 100 万—1000 万元	从业人员 10 人以下或营业收入 100 万元以下
软件和信息技术服务业	从业人员 100—300 人，且营业收入 1000 万—10000 万元	从业人员 10—100 人，且营业收入 50 万—1000 万元	从业人员 10 人以下或营业收入 50 万元以下
房地产开发经营	营业收入 1000 万—200000 万元，且资产总额 5000 万—10000 万元	营业收入 100 万—1000 万元，且资产总额 2000 万—5000 万元	营业收入 1000 万元以下或资产总额 2000 万元以下
物业管理	从业人员 300—1000 人，且营业收入 1000 万—5000 万元	从业人员 100—300 人，且营业收入 500 万—1000 万元	从业人员 100 人以下或营业收入 500 万元以下
租赁和商务服务业	从业人员 100—300 人，且资产总额 8000 万—120000 万元	从业人员 10—100 人，且资产总额 100 万—8000 万元	从业人员 10 人以下或资产总额 100 万元以下
其他未列明行业	从业人员 100—300 人	从业人员 10—100 人	从业人员 10 人以下

资料来源：《关于印发中小企业划型标准规定的通知》（工信部联企业〔2011〕300 号）。

随着国家经济的发展，我国对中小企业的界定标准也在不断变动，一方面是不断改变的分类方法，另一方面是不断提高的界定范围标准。从表 2 - 2 中可以看出我国小微企业的界定指标与国际上大体相同，具体包括从业人数、营业收入、资产总额等。与国外小微企业界定相比，我国对各行业各类别的小微企业进行了更加清晰明确的分类和界定。

税法对小型微利企业有专门的界定标准，具体标准见表 2 - 3。

表 2-3　　税法上的小型微利企业界定标准

	年应纳税所得额	从业人数	资产总额
前提条件	从事的是国家非限制和禁止的行业		
企业	300 万元以下	300 人以下	5000 万元以下

2.2　小微企业的作用

我国小微企业的起源可追溯至明朝年间。据史料记载，明嘉靖万历年间，富饶的江南沿海一带已出现家庭作坊，在一定意义上这就是我国小微企业的起源。但由于封建社会自给自足经济结构的顽固性等原因，我国小微企业并没有得到正常发展。直至民国初期，小微企业才随着民族资本主义得到短暂的发展，尤其是第一次世界大战爆发为中国民族经济提供了发展机会。在此期间，新建厂矿企业 470 多家，增加资产多达 13000 万元，其中以纺织业和面粉业为代表的轻工业发展迅速。

1949 年新中国成立，确立了公有制经济在我国国民经济中占主导地位，属于非公有制经济的小微企业的发展再次受到阻碍；1978 年，非公有制经济在党的十一届三中全会之后开始复苏，小微企业得到进一步发展；1999 年，创建中小企业服务体系在十五届四中全会上被提出，中小企业主管部门随即纷纷出台了推动小微企业快速发展的相关政策；2002 年，党的十六大提出“要坚持推动和指引非公有制经济不断发展”；2005 年，为给小微企业创造优越的融资环境，拓展民间投资方式，国务院颁布了《非公经济 36 条》；2012 年，党的十八大再次强调非公有制经济的重要地位，为我国民营经济和中小微企业创造良好的政策环境。小微企业发展速度日益加快、数量急速上升，是我国国民经济中最为活跃的组成部分，被誉为推动经济发展的“轻骑兵”，是国民经济和社会发展的重要基础，是创业富民的重要渠道，在发展经济、扩大就业、结构调整、技术创新、形成产业集群、健全市场经济体制等方面具有举足轻重的作用。

2.2.1　小微企业是推动我国经济发展、加快我国城镇化进程的重要力量

小微企业对保持我国经济活力具有不可替代的作用。在地方经济发展中，小微企业作为中流砥柱，因地制宜，通过合理利用当地市场和特色资源，发挥了地方优势，有效地促进了地方经济的发展。小微企业特别是乡镇企业的发展，使得农村大量闲置劳动力有了稳定的职业和收入，缩小了城乡差距，一定程度上改变了我国农村的落后面貌，推动了我国社会主义新农村的建设。

2.2.2　小微企业是吸纳就业、保持社会稳定的重要平台

国家宏观调控的目标既要保证经济增长又要控制失业率。小微企业因其准入门槛低、创办速度快，成为我国创造就业岗位的主体。随着近几年高校毕业生人数剧增，很多大学生面临着毕业即失业的问题，加之农村富余劳动力、下岗职工等，就业压力越来越大。我国的大中型企业大多集中在资本密集型行业，随着技术构成和管理水平的不断提高，加上企业的重组优化，其能够提供的新岗位将越来越有限。与大中型企业相比，我国小微企业主要集中于劳动密集型行业，能够吸纳大量的就业人员，有利于缓解我国的就业压力，维持社会稳定。

2.2.3　小微企业是我国产业结构调整和产业升级的重要推动力

我国长期以来就是一个农业大国，产业结构长期处于不平衡状态，第一产业比重偏大，第二、三产业比重过低。改革开放后，这种情况虽然得到了改善，但是与发达国家相比，第三产业的比重仍旧偏低，结构依旧不合理。经过多年的发展，小微企业从最初的商贸服务、一般加工制造等传统领域向高新技术和现代服务业等新兴产业延伸，目前小微企业已涵盖了国民经济的大部分行业。在发展过程中，小微企业为增强市场竞争力，依据灵活决策的优势不断引进新技术、新设备和新工艺，不仅促进了自身的快速发展，还带动电子信息、生物科学等高新技术成果实现产业化，有效地促进了我国产业结构调整和产业升级。

2.2.4 小微企业加快了我国技术创新的进程，有利于产品更新换代

小微企业进入市场的门槛及创业成本低、规模小，要想在激烈的市场竞争中占据一席之地就必须保证产品质量，加快产品更新换代周期，既要迎合市场需求，又必须具有不可替代性，这样就激励小微企业不断进行技术创新。小微企业具有大企业无法比拟的优越性。小微企业贴近市场，对新产品、新工艺的敏感度更强，投入市场的速度更快，并且小微企业贴近客户，能够更好地了解客户的动态需求，为客户提供更好的产品和服务。相关统计数据表明，我国众多的中小微企业提供了65%的专利，70%的技术和85%的新产品，可见，小微企业已成为推动技术创新不可替代的力量。

2.2.5 小微企业的存在促进了大企业的发展，有助于形成产业集群

小微企业阶段作为众多企业生命周期的重要阶段，是大企业孕育、成长的摇篮。从美国的苹果、微软到我国的联想、阿里巴巴，经验表明，许多今天的巨型、大型企业都是从小微企业做起，逐步发展壮大，成为行业翘首。而在高科技领域，小微企业更是在数量上占主导地位。同时，大企业需要其具备较强的产业集群能力，它的发展离不开产业链上关联的众多小微企业，小微企业对大企业产业集群配套作用价值非常大。作为市场经济的主体和市场体制的微观基础，小微企业相比于大企业而言，改革成本低、社会震荡小、操作便利、新机制引入迅速。小微企业往往是改革的试验区和突破口，其各项改革成果为大企业的改革实践提供了有益的经验借鉴。

2.2.6 小微企业促进了自由竞争，加强了专业协作，有利于健全市场经济体制

自由竞争是市场经济的活力所在。然而，当一个国家经济发展到一定水平时，如何维持自由竞争又是一个难题。因为产业扩张总是伴随着兼并重组和资本集聚，从而形成产业寡头。中国现在面临着复杂的两难选择：既要在各个领域创造几个国际大企业，又要促进自由竞争。显然，需要有一股市场自发性力

量来实现这两者的平衡。我国的小微企业大量分布在传统产业，其突出作用是满足中、低端需求，同时，小微企业又与大企业的细化分工需求实现了有效对接，二者互相补充，丰富了市场主体的元素，对各行业市场价格机制的形成发挥着重要作用，对维持自由竞争也起到了支撑作用。

2.3 税收政策扶持小微企业发展的理论依据

2.3.1 政府干预理论

在自由资本主义时期，政府的职能被限定在“保护者”的框架内，这一时期的思想家们基本上都相信“市场通过自动调节，征服全部经济，并使之合理化”[①]，要求限制政府职能。古典经济学的奠基人亚当·斯密在其著作《国民财富的性质和原因的研究》中论述了市场自由的好处：一是“看不见的手”（市场）可以自发调节，实现资源配置的最优化；二是在对外贸易方面，以“绝对成本”法则论证了自由贸易的必要性。在经济自由条件下，政府只要扮演好“守夜人”的角色就可以了。“守夜人”的职责主要有保障国家安全、维护社会治安和提供公共服务三个方面。

1929—1933 年发生的资本主义世界经济危机使古典经济学家们束手无策，自由放任理论受到质疑。由于市场对经济调节的失败，许多学者提出政府应当扩大职能，对市场经济活动进行必要的干预，由此诞生了诸多理论学派，最具代表性的是凯恩斯学说。凯恩斯在《就业、利息和货币通论》中主张加强政府对经济活动的干预，并提出了一整套反萧条和解决失业问题的理论和政策。尽管凯恩斯仍然承认“看不见的手”对资源配置的基础性作用，总体上仍认为自由市场制度的有效性，可以保障个人自由、自主，并释放其创造性。但他还是认为，市场机制有缺陷，需要“看得见的手”来纠正其缺点。他的“经济危机”理论认为失业产生的原因是“有效需求”不足，有效需求水平不足是消费需求和投资需求不足造成的，而投资需求和消费需求不足根源于人性固

① 费尔南·布罗代尔．15 至 18 世纪的物质文明、经济和资本主义［M］．施康强，顾良，译．北京：北京三联书店，2002.

有的三个基本心理规律，因此“有效需求”不足是经常性现象。基于这种理论，他提出的政策主张是：政府必须干预经济，采取积极的财政政策来刺激消费和增加投资，弥补自由市场造成的有效需求不足。

随着1974—1975年经济危机的爆发，资本主义经济的高速增长为经济停滞所替代。这一现象的出现，表明了在解决社会问题和合理配置资源方面，政府并不比市场机制更有效率，面对这种局面，凯恩斯主义的国家干预经济理论无能为力。为了摆脱“滞胀”困境，新自由主义各学派对“政府失灵”进行了激烈的批判，“回到亚当·斯密和萨伊”的自由主义呼声日渐高涨。新自由主义各学派在理论上虽然存在分歧，但都坚持要充分发挥自由市场的作用，反对凯恩斯主义的政府过度干预。他们认为，“目前的危机不是资本主义的危机，而是国家主义的危机，我们的问题不是市场太多，而是市场不足”；“必须实行私有化政策，取消官僚垄断，排除束缚市场机制运转的一切障碍，揭穿保护人——国家的骗局，重新创立所有权”①。

进入20世纪90年代，新自由主义的实践及其给俄罗斯等东欧国家、亚洲遭受金融危机的国家和拉美国家带来的灾难使新自由主义失去普适性，在西方国家内部也遭到了以新凯恩斯主义为代表的新国家干预主义的批判。新凯恩斯学派认为，由于价格和工资的黏性，价格在遭受到总供求的冲击后，从一个非充分就业的均衡状态回复到充分就业的均衡状态是一个缓慢的过程，经济均衡的恢复不能等待或完全依靠市场机制作用下的工资和价格的缓慢调整，需要政府运用经济政策来调节总供求。新凯恩斯主义者继承了传统凯恩斯主义者关于国家应该干预经济的基本主张，他们既吸收了新古典经济学合理的理论和政策主张，又在20世纪80年代以来宏观经济实践经验教训的基础上，发展了国家干预经济的理论，使得国家干预经济的政策体系发展到了一个新的水平。进入90年代，在市场和政府的作用方面，强调市场效率与政府干预质量的提高。既不是自由放任主义，也不是过度的政府干预。强调政府应当转变职能，为企业创造良好的竞争环境，规范市场秩序，提供可持续发展的基本条件。同时强调市场是经济生活的主体，主张建立具有活力和竞争力的市场框架，开放资本

① 亨利·勒帕日．美国新自由主义经济学［M］．北京：北京大学出版社，1985.

以增强企业实力。政府的作用是促进宏观经济稳定，制定能够鼓励独立，而不依赖别人的经济社会政策。

从西方经济学发展的脉络中我们可以知道，实际上，市场经济存在着“市场失灵”，这主要表现在以下三个方面：首先，由于自由竞争的结果导致垄断，市场中大量的小微企业就会因此处于弱势地位，这就需要政府对它们提供保护和扶持。其次，信息不对称导致市场竞争的不平等，小微企业在发展过程中容易盲目跟风，需要政府提供有效的引导服务。最后，市场竞争的外部性会使得小微企业的发展受阻，需要政府介入和干预。“市场失灵”再加上小微企业自身发展的特点，为政府介入或者说支持小微企业的发展，进而加强对宏观经济的有效调控提供了依据。

2.3.2　税收激励理论

市场上的小微企业数量繁多，产品相似度也很高，市场壁垒小，因此可以在一定程度上把小微企业视作完全竞争市场进行相关的分析。根据微观经济学理论，在完全竞争市场条件下，在不征税的前提下，市场均衡完全取决于市场供求，而征税则会导致收益的降低，但是如果给予企业一些税收激励，在成本不变的条件下，企业收益非但不会减少反而会增加，从而企业会进一步扩大生产谋取更多利润（见图 2－1）。

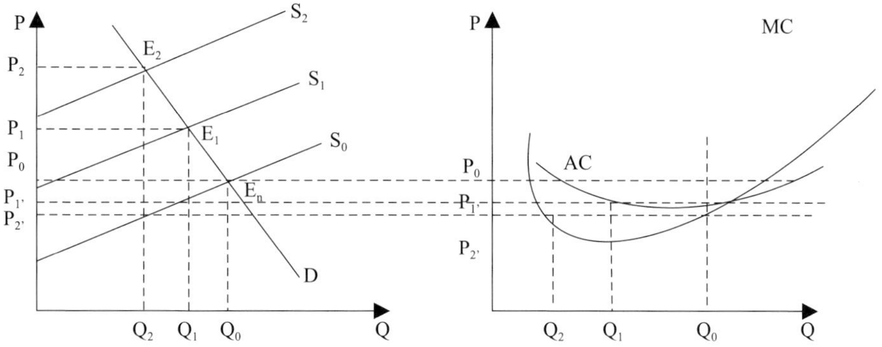

图 2－1　完全竞争市场条件税收的激励作用

图 2－1 中，D 和 S_1 均为原始的需求曲线和供给曲线，当对小微企业征以 T 的税收时，供给曲线左移至 S_2，当对小微企业减税 T 时，供给曲线右移至

S_0，根据图 2－1 可以得出小微企业征税前后所作出的决策（见表 2－4）。

表 2－4　　征税前后厂商获益情况

	价格	厂商提供的产品组合	厂商获益
征税前	P_0	（P_0、Q_0）	MR_0
征税 T	$P_2 = P_0 + T$	（P_2'、Q_2）	MR_2
减税 t	$P_1 = P_2 - t$	（P_1'、Q_1）	MR_1

由表 2－4 可知，在对小微企业征税前后，厂商提供了不同的产品组合并获得了不同的收益。由图 2－1 可知$Q_1 > Q_2$，$MR_1 > MR_2$，说明减税鼓励了小微企业的生产行为。小微企业相对大企业来说其纳税能力是非常有限的，而根据纳税能力原则实现税负公平，应该对小微企业征以适合其能力的税负，并且一定程度的减税还会给小微企业带来一定的资金积累，促使小微企业加大投资进而扩大其生产规模。

另外，根据新古典宏观经济模型，可以假设企业资本的使用成本为 C，市场利率为 r，资产折旧率为 i，单位投资的购买价格是 q，那么企业的资本使用成本就是：$C = q(r + i)$。根据西方经济理论可知，厂商只有在资本使用成本等于资本的边际收益时才会停止资本投资活动，假设产品价格为 P，而单位资本要素带来的边际产量为 MPK，均衡条件下有：$P \times MPK = C = q(r + i)$。如果此时政府对企业施以税率为 t（$0 < t < 1$）的税收，那么就有$(1 - t)\ p \times MPK = q(r + i)$，显然征税带来企业资本成本的上升，此时企业的资本成本是征税前的 $1/(1 - t)$ 倍。如果此时给予企业一定的税收优惠激励，假设将税率降低为（t'），则均衡条件下有$(1 - t')\ P \times MPK = q(r + i)$，$1/(1 - t')$ 显然小于 $1/(1 - t)$。乔根森等人基于此理论得出，税收抵免在 1962 年为美国带来了 40. 9% 的制造业净投资增加值的结论。而美国在 1954 年实施的加速折旧政策以及 1962 年实施的降低设备使用年限的优惠政策都对投资产生了重要影响，而最终对投资的促进作用是取决于相关的税收激励程度的。

除此之外税收激励又可以分解为三种激励方式，即国内生产一般激励、对外贸易激励以及国内生产特殊激励。通常税务部门会对新开设的企业给予一定的税收优惠，包括免税期、税前扣除、减免税以及加速折旧等，这种对新开设企业的优惠即为国内生产一般激励；对外贸易激励则是指国家制定一些优惠的税收政策来鼓励国内商品的出口以及海外投资、并购等；国内生产特殊激励则是指国家会对一些特殊的行业（如一些高新技术产业）或地区（如上海保税区）制定一些特殊的税收优惠政策。国家往往会制定扶持小微企业发展的税收优惠政策来激励国内经济的发展，并引导小微企业朝着符合国家产业政策的大方向发展，从而实现国家的宏观经济目标。

2.3.3　拉弗曲线

20 世纪 70 年代末，美国经济陷入严重的通货膨胀与失业当中，传统的菲利普斯曲线（phillips curve）失效，凯恩斯主义的有效需求理论及其政策主张已无法带领美国走出经济困境。拉弗（Laffer）、万尼斯基（Wanniski）、吉尔德（Gilder）等人坚信美国税制已进入禁区，并认为高税率是新的凯恩斯陷阱。高税率挫伤了微观主体的工作积极性，阻碍了储蓄与投资，导致生产停滞、供给不足与物价上涨。他们认为这时如果人为地扩大需求，势必加剧通货膨胀。因此，供给学派复兴萨伊定律，从“供给创造需求”的原理出发，把减税看成是让美国经济走出停滞困境的基本手段。“供给学派”的代表人物、著名经济学家阿瑟·拉弗提出了“拉弗曲线”理论。

在图 2－2 中，横轴表示税率，纵轴表示政府的税收收入，曲线 OEF 反映了税率、经济增长和政府税收收入之间的关系。当税率为 0 时，政府税收收入也为 0；在一定的幅度内（在图中表示为 $0 < t \leq G$），随着税率的提升，政府的税收收入也会相应增长。然而，一旦税率超过了某一个范围（在图中表示为 $t > G$），如果继续提高税率，政府获得的税收收入反而会下降；如果税率提高到 100%，这意味着人民要把全部收入用来纳税，此时也就无人愿意工作或投资，因而政府的税收收入也就为 0，所以曲线 OEF 呈抛物线状态。这就明确告诉我们，政府征税不应当一味地提高税率，否则效果可能适得其反。之所以会如此，主要是因为决定政府税收收入大小的因素，不仅仅只是税率的高低，还取决于税基的大小或者说经济发展水平。税率过高，经济活动主体承担的税收负担太重，其积极性也必然会受到极大的抑制，从而削弱劳动和资本的投入量，导致生产出现下降趋势，并最终减少税收收入。

尽管拉弗曲线在论证税率、经济增长与政府税收收入之间的关系方面并不是很全面，而且也很难说是非常严谨的，但它得出的一些结论还是具有重要的经济意义。“拉弗曲线”表明：第一，高税率不一定能够取得高收入，高收入也不一定要实行高税率，即两者之间没有必然的相关性。过高的税率会增加企业的负担，削弱经济行为主体的活力，可能导致生产停滞或下降，从而缩减了课税基础，税收不增反减。图 2 –2 中 EGF 部分（即斜线部分）往往被称为课税禁区；对于个体而言，高税率还可能造成“用脚投票”。第二，取得同样多的税收收入，可以采取高低两种不同的税率。在图 2 –2 中，要取得 T_1 数量的税收收入，既可以采用高税率 B，也可以采用低税率 A。适度的低税率在短期内可能会减少政府的税收收入，但从长远看却可以刺激生产，扩大税基，形成良性循环，并最终有利于政府税收收入的增长。第三，税率、税收收入与经济增长之间存在着一种相互依存、相互制约的关系。税率必须适当，过高的税率会损害经济的正常运行。从理论上说，应当存在一种兼顾税收收入与经济增长的最优税率，三者的最优组合点在图 2 –2 中体现为 E 点，此时税率为 G。这就为合理地确定宏观税收负担水平提供了一定的理论依据。

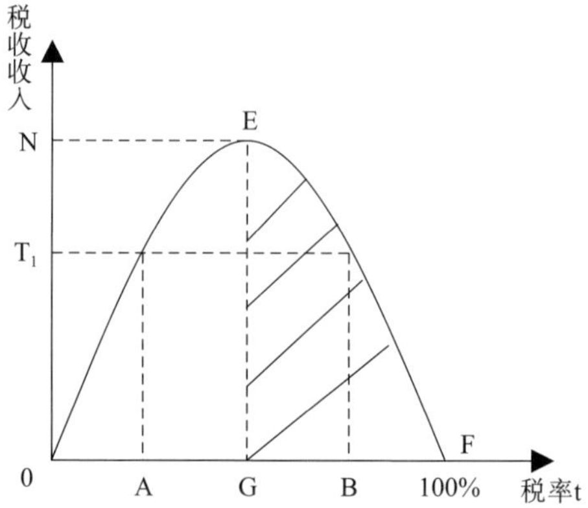

图 2 –2　拉弗曲线

通过拉弗曲线的分析，可以将宏观税收负担水平与经济增长之间的关系，简单地表述为“轻税政策可以促进经济增长，而重税政策则会抑制经济增长”。政府减税会提高私人部门的税后实际收益率，这使得个人倾向于更多地工作和储蓄，企业倾向于更多地投资、生产和技术创新，并极大地增加全社会的供给。由于减税的结果是生产的扩大，此时税基也相应地扩大了，因而税率降低并不会导致政府税收总量的减少。拉弗曲线的一个重要现实意义就是促使政府实行合理税负，为减税政策的实施寻找一个合理的理由。相比于大中型企业，小微企业在市场竞争中处于弱势地位，规模小、资金少、抗风险能力较差，更易受到税收政策的影响。因此，相比大型企业，对小微企业的减税可能会产生更积极的经济效果，这就为小微企业减税奠定了理论基础。

2.3.4　创新理论

1912 年，约瑟夫·阿洛伊斯·熊彼特在其专著《经济发展理论》中提出了创新理论。熊彼特主张从动态的角度去分析问题，强调变动和发展，认为创新才是经济发展的内在因素。传统的古典经济学将人口、资本、工资、利润以及地租等在数量上的变化定义为经济增长，而熊彼特则用生产技术和生产方法的变革来解释经济发展。他认为，尽管资本和劳动力数量的变化可以导致经济生活的变化，但是还有一种更深层次的变化却并非从外部强加的，而是来源于体系内部，也就是创新。

创新（innovation）是熊彼特经济理论的核心概念，他的各种经济理论几乎均以“创新观”为核心。熊彼特认为，创新是“当我们把所能支配的原材料和力量结合起来，生产其他的东西，或者用不同的方法生产相同的东西”，即实现了生产手段的新组合，产生了“具有发展特点的现象”。也就是“企业家把一种从来没有过的生产要素和生产条件实行新的组合，从而建立一种新的生产函数”。熊彼特赋予其“创新”概念以特殊内涵，主要包括以下五种情况：（1）引进新产品，也就是消费者还不熟悉的产品或一种产品的一种新的特性；（2）采用新的生产方法，也就是在有关的制造部门中尚未通过检验的方法，这种新的方法决不需要建立在科学发现的基础之上，并且，也可以存在于商业上处理一种产品的新方式之中；（3）开辟新的商品市场，也就是有关国家的某一制造部门以前不曾进入的市场，不管这个市场以前是否存在过；（4）控制原材料供应的新来源，也不问这种来源是已经存在的，还是第一次创造出来的；（5）实现企业的新组织，比如造成一种垄断地位，或打破一种垄断地位。总体来说，创新是指企业家对新产品、新市场、新的生产方法和组织的开拓以及对新的原材料来源的控制。

熊彼特所描绘的五种创新，大致可以归纳为三大类：一是技术创新，包括新产品的开发，老产品的改造，新生产方式的采用，新供给来源的获得，以及新原材料的利用；二是市场创新，包括扩大原有市场的份额及开拓新的市场；三是组织创新，包括变革原有组织形式及建立新的经营组织。熊彼特把发明创造与技术创新相区别。他认为发明创造只是一种新概念、新设想，或者至多表现为实验品。而技术创新则是把发明或其他科技成果引入生产体系，利用那些原理制造出市场需要的商品，从而使生产系统产生震荡效应。这种科技成果商业化和产业化的过程才是技术创新。

熊彼特认为，创新是企业家的唯一职能，企业家是资本主义的“灵魂”，创新有资本主义经济发展自身的内在的创造作用。如果没有创新，资本主义经济就不可能产生，更谈不上它的发展。但是，任何创新必然是对旧的生产结构的破坏，因此，它总是一种“产业的变异”。创新过程固然对旧的结构起着破坏作用，而它的本身却是新组合或新结构的创立过程，故熊彼特又把它称为“创造性的破坏过程”。同时，他还认为创新是企业在生产过程中内生的变化，这种变化不是由企业外部引起的，而是企业内部自行发生的。小微企业作为市场的创新主体，应该着力于以上三种形式的创新来扩大整个市场的创新规模，提高创新水平，形成一股推动社会进步的强大动力。

2.4 税收政策扶持小微企业发展的作用机理

2.4.1 税收的微观经济效应

从理论上分析，税收具有“中性”的特征，即税收不会影响经济主体的理性决策和经济行为；但从实际情况看来，税收基本上都是“非中性”的，会对经济主体在生产、投资、消费等方面的行为产生影响。税收对小微企业行为选择的影响主要是通过两个基本效应即替代效应和收入效应来发挥作用的。

2.4.1.1 税收的替代效应

税收的替代效应是指政府对某种商品或服务征税，结果会导致该商品或服务的相对价格上涨，消费者为了能够以原有的价格水平获得相同的效用，就会考虑消费该商品或服务的替代品来替代原有消费商品或服务。例如，当政府提高所得税累进税率时，会导致劳动者的边际效益减少，这时劳动者倾向于增加休息和闲暇来替代部分工作时间。由此可见，税收替代效应反映的是：当政府征税超过一定限度时，纳税人会想办法合理避税，结果会对经济增长产生负面影响。因此，政府征税要考虑纳税人的承受心理和承受能力，实现税收收入增加和纳税人合法权益维护两者之间的平衡。税收替代效应主要表现在以下三个方面。

（1）征税对生产者产生替代效应。征税对生产者行为的替代效应，主要是由于政府课征选择性商品税而产生的，它表现为生产者所面临的课税商品的相对价格发生变化，导致生产者减少被课税或重税商品的生产，而增加无税或轻税商品的生产，也就是以无税或轻税商品替代课税或重税商品，即征税改变了生产者的生产决策，改变了市场的商品结构和数量。征税使得生产者的商品 A 的生产数量由 X_1A 降至 X_2A，而商品 B 的生产数量由 X_1B 升至 X_2B，也就是说，生产者用更多的商品 B 替代了商品 A（见图 2－3）。

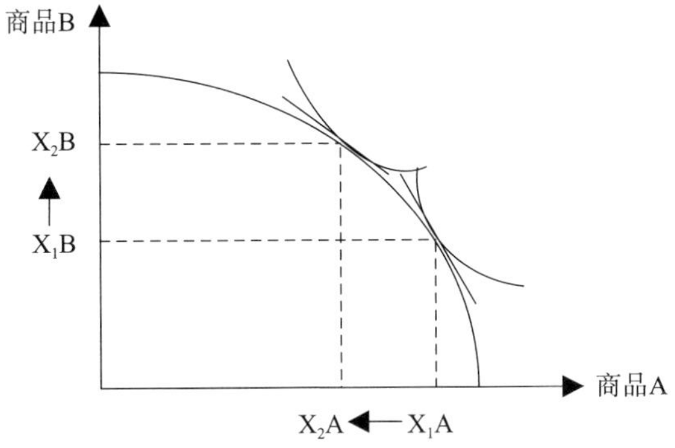

图 2－3　征税对生产者产生替代效应

（2）征税对劳动投入产生替代效应。假设劳动力供给曲线是向上倾斜的曲线，表示工资率 W 越高，人们越愿意在总时间中给出更多的劳动，而选择比较少的闲暇。当政府对个人所得征税时，劳动者的实际工资水平下降，这就使得闲暇与劳动间的相对价格发生了改变，因为闲暇相对于劳动变得更便宜了。这时，劳动者将增加对闲暇的消费，而减少劳动时间。税收的这种影响，就是通常所说的税收对劳动力供给的替代效应，一般认为，税收对劳动力供给替代效应的大小取决于边际税率的高低。边际税率越高，工作带来的边际报酬率就会越低，人们就会放弃一些工作时间而用于休闲，以获得更高的福利水平（见图2－4），征税使得劳动供给下降。

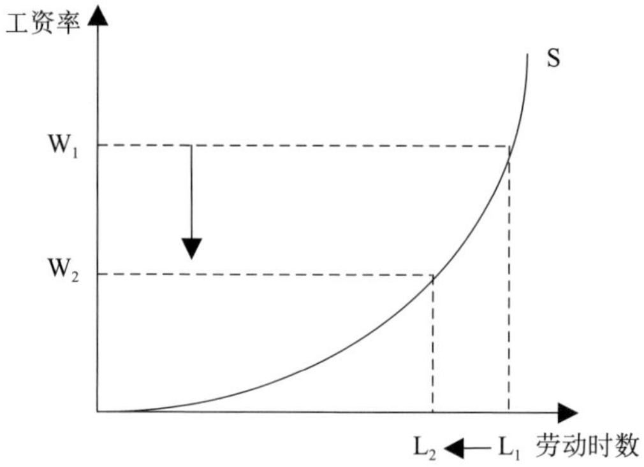

图2－4　向上倾斜的劳动力供给曲线

（3）征税对资本投资产生替代效应。税收对私人投资的替代效应指的是由于政府征税导致纳税人税后投资收益率下降，从而降低了投资对纳税人的吸引力，造成纳税人以消费替代投资。

现假定政府对纳税人征收公司所得税，这将使纳税人的投资收益率出现下降。如果纳税人因为税后投资收益率出现下降而倾向于减少投资，那么其对投资和消费的选择组合线就会由AB以B点向内旋转至BC（见图2－5），它与无差异曲线相切于点P_2，决定了纳税人税后可获得最大效用的组合是C_2数量的消费与V_2数量的投资，这说明此时政府征税对私人投资的替代效应大于收入效应。

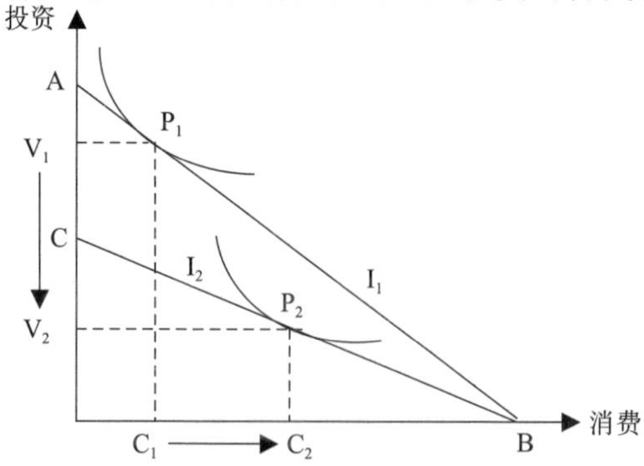

图2－5　征税对资本投资产生替代效应

2.4.1.2 税收的收入效应

简单来说，税收的收入效应可以理解为政府征税直接减少了纳税人的可支配收入，从而对纳税人增加收入产生相应的激励或抑制效应，它反映了税收对纳税人收入分配的调节作用，也反映了税收对经济的激励效应。同样地，对于企业来说，征收企业所得税使纳税人的收入减少，从而改变了企业对要素的投入也可以看作税收的收入效应。而给予企业所得税优惠政策则相当于削弱了征税对企业实际收入水平的影响。税收收入效应主要表现在以下三个方面：

（1）征税对生产者产生收入效应。生产者行为指的是为了实现利润最大化目的，生产者在运用各种可支配的生产要素方面所作出的决策。税收对生产者行为的收入效应，表现为政府课税使生产者可支配的生产要素减少，从而降低了生产者的生产能力，其生产水平和利润率也随之下降（见图2－6）。当政府征税时，生产者的商品生产能力降低，商品A从 X_1A 降至 X_2A，商品B从 X_1B 降至 X_2B。

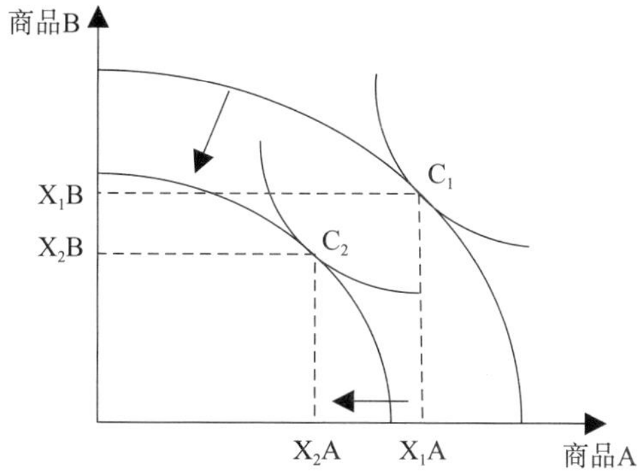

图2－6 征税对生产者产生收入效应

（2）征税对劳动投入产生收入效应。假设劳动力供给曲线向后弯曲。此时，政府对个人所得征税，劳动者的实际工资水平会相应地下降，并直接减少纳税人的可支配收入。假定闲暇是一种正常产品，那么劳动者可支配收入的减少将使其不得不减少闲暇等方面的享受，或者说为了维持以往的收入或消费水平，劳动者倾向于更加勤奋地工作。税收的这种影响，就是税收对劳动力供给的收入效应，它指的是政府征税会直接减少个人的可支配收入，从而促使其为维持既定的收入或消费水平而减少闲暇、增加工作时间。一般认为，税收对劳动力供给收入效应的大小，是由纳税人的总收入与税金之比即平均税率决定的（见图2－7）。

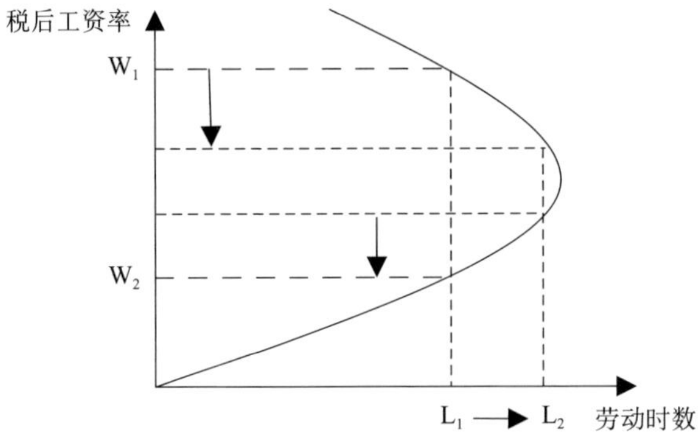

图2－7　向上背弯的劳动力供给曲线

（3）征税对资本投资产生收入效应。税收对私人投资的收入效应指的是政府征税导致纳税人税后投资收益率下降，减少了纳税人的可支配收益，从而促使纳税人为维持以往的收益水平而增加投资。

现假定政府对纳税人征收公司所得税，这将使得纳税人的投资收益率出现下降。如果纳税人因为税后投资收益率出现下降而倾向于增加投资，那么其对投资和消费的选择组合线会由AB以A为原点向内旋转至AD（见图2－8），它与无差异曲线相切于点P_2，决定了纳税人税后可获得最大效用的组合是C_2数量的消费和V_2数量的投资，这说明此时政府征税对私人投资的收入效应大于替代效应。

2.4.2　税收的宏观经济效应

税收作为国家收入再分配的手段和一种经济政策，与一国的经济增长、经济稳定和收入分配是密不可分的。税收的宏观经济效应是从国民经济整体和总量平衡的角度，来考察税收对经济增长、经济稳定和社会公平等问题的影响。税收宏观经济效应以微观经济效应为基础，是无数微观经济效应的综合。

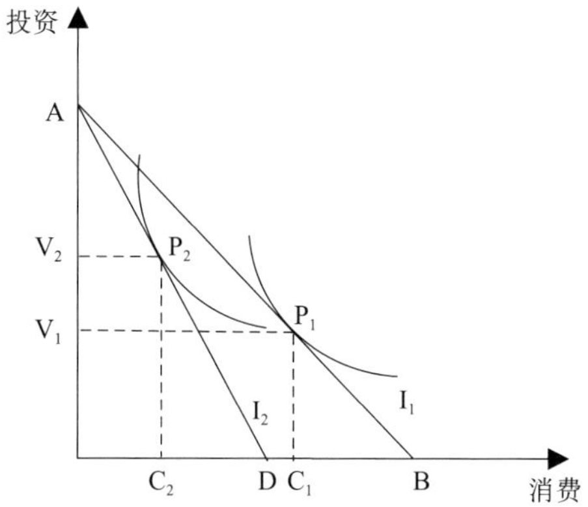

图 2－8　征税对资本投资产生收入效应

2. 4. 2. 1　税收对经济增长的影响

经济增长是在多种因素共同作用下完成的，其中最主要的是经济投入要素，具体包括劳动力供给、储蓄、投资和技术。所以税收对经济增长的影响，就是通过作用于劳动力供给、资本形成和技术进步实现的。

（1）税收对劳动力供给的影响。劳动力供给对经济增长的影响，主要体现在劳动力总量和劳动时间上。在简单的商品生产中，劳动力供给对经济增长具有决定性的影响，但在现代化的社会大分工背景下，其对经济增长的影响力已经大为减弱。

在现代社会，政府对劳动所得征税会同时产生增加工作的收入效应和减少工作的替代效应，其净效应取决于劳动者个人对收入和闲暇的偏好。由于我国是一个劳动力供给十分充裕的大国，目前又处于经济转型时期，劳动力供需状况具有一定的特殊性。对我国而言，目前和今后相当长的时期内需要解决的不是如何增加劳动供给，而是如何解决劳动力过剩问题。就业问题的解决不仅需要增加劳动总需求，而且需要调整劳动需求结构，以增加就业岗位和就业机会。目前严峻的就业形势，尤其是下岗职工再就业和高等院校毕业生就业难问题，主要是结构性失业造成的，一方面有闲置的劳动力，另一方面有空闲的岗位却无人问津或无人胜任。解决结构性失业，提高就业率，需要从三方面入手：一是调整和改变人们的就业观念；二是从提高劳动力素质和技能入手改变劳动供给结构；三是调整需求结构，在重视科技进步的同时，不可忽视能够容纳较多劳动力的劳动密集型产业和部门，甚至必要时可以考虑给予一定的税收优惠。我国小微企业主要生存和发展于劳动密集型行业，能够吸纳大量的就业人员，因此对小微企业给予必要的税收优惠有利于推动小微企业的进一步发展，对缓解就业压力、创造就业机会和维持社会稳定具有重要意义。

（2）税收对资本形成的影响。资本形成是经济增长的核心问题。自20世纪以来，资本形成对经济增长的贡献份额就一直在50%以上，特别是对技术进步所导致的资本密集型产业的发展来说，资本形成几乎成为唯一的推动力。资本形成过程一般分为增加储蓄、动员和引导储蓄转化为投资以及利用储蓄投资于人力资本和物质资本等三个阶段。“储蓄—投资—增长”是世界各国经济增长过程的一般规律。

①税收与储蓄。国民储蓄包括家庭储蓄、企业储蓄和政府储蓄等三个方面。一国的总储蓄水平，不仅取决于该国的人均国民收入水平和国内生产总值的部门构成等诸多因素，还依赖于政府采用的储蓄动员政策。税收是政府动员储蓄的一个强有力的经济手段。储蓄的增加，取决于各经济活动主体的储蓄意愿和储蓄能力。政府对个人的所得征税会减少个人收入、降低储蓄报酬率，从而减少家庭储蓄；而政府对企业利润征收企业所得税，也会降低企业税后利润，减少企业储蓄。但政府征税在减少家庭储蓄和企业储蓄的同时，会增加政府储蓄。政府储蓄在一定程度上与家庭储蓄、企业储蓄之间存在此消彼长的关系。

就我国的情况而言，税收对储蓄的影响并不明显，说明人们对储蓄的态度还取决于税收以外的诸多因素，如居民未来消费的预期、其他投资渠道等，因此，应该适当地运用税收杠杆促进储蓄向投资转化。表面上看，税收优惠政策会减少政府的即期收入，但实际上，随着居民投资的发展，资本市场日益繁荣，居民金融资产不断升值，反过来能够促进远期消费向即期消费转化，从而推动经济增长和政府财力的不断增强。

②税收与投资。投资是经济增长的重要决定因素，而投资决策是由投资的净收益和投资的成本决定的。税收对投资的影响，主要是通过征收企业所得税、税前抵扣和税收优惠等措施影响纳税人的投资收益和投资成本。

对于小微企业来说，提高增值税起征点，减征小微企业的企业所得税，对科技型企业免房产税和城镇土地使用税，降低增值税、企业所得税税率，对增值税进项税额进行税收抵扣等税收优惠政策都会影响小微企业的经济行为。小微企业作为融资困难户，一般仅靠民间借贷和银行贷款进行融资，对税收的反应很敏感。税率的高低，会通过投资边际效率曲线和投资需求曲线迫使小微企业在投资与储蓄间做出选择。

③税收与技术进步。技术进步既是经济增长的条件，又是经济增长的标志。技术进步对经济增长的影响体现为技术进步直接提高劳动生产率。在同样资金和劳动力投入的情况下，整个社会技术水平的高低决定着经济增长率的高低。在科学技术迅猛发展的时代，技术进步对经济增长的贡献份额在快速提升。技术进步的途径是发明、创新、引进先进技术和增加人力资本投资。对新兴产业、企业技术改造、新产品开发以及高风险的科技产业给予减免税、提高高新技术设备的折旧率、允许税前一次扣除研发费用以及允许税前提取技术开发准备金等措施，都会起到鼓励技术进步、促进经济发展的作用。

随着我国经济发展逐渐步入新常态，鼓励大众创业和万众创新是国家的核心所在。首先，合理的税收政策可以引导小微企业创新活动的发展方向。国家根据小微企业自主创新活动的需求，有指向性的出台相关政策，引导社会经济资源投向科技研发领域，从而发挥税收政策的导向作用。其次，税收政策能够降低小微企业自主研发的风险。小微企业由于自身规模的局限性，缺乏足够的资金进行技术研发，而自主创新活动存在一定的风险性。国家通过设立专项资金，对小微企业的技术研发和创新给予专项补贴，有利于降低小微企业的科技研发成本，提高小微企业抵御风险的能力，从而推动小微企业运用新技术进行产品的更新换代，推动我国技术创新的进程。最后，税收政策可加速研发成果的实践运用。研发成果只有进入实践阶段形成生产力才能带来经济利益的流入，而税收政策在科研成果转化方面起到巨大作用。为了高效率地将科研成果转化为生产力，对科研机构、高等院校的科技研发活动提供税收优惠，有利于促进小微企业经济发展。

2.4.2.2　税收对经济稳定的影响

经济稳定一般指总供给与总需求的平衡。税收既可以影响社会总需求，也可以作用于社会总供给，但税收对社会总需求的影响较为直接，而对社会总供给的影响则须先改变资本存量才能影响总供给实现，因而是间接性的。利用自身的需求效应和供给效应，税收在维持经济稳定方面具有特殊的调节功能，可以促进社会总供求的均衡，实现经济的稳定增长。

税收具有调节宏观经济的能力，从理论上说就是税收杠杆原理。政府通过制定不同的税收政策，建立相应的税收制度，规定不同的税收鼓励措施，给纳税人以有利或不利的税收条件，以此来影响纳税人的经济行为。需要指出的是，虽然征税是强制性的，但税收的调控作用却是自动产生的，被调控者根据税收政策变化及利害关系，自动调整着自己的经济行为，否则只能以牺牲自己更多的利益为代价，这就是所谓税收“自动稳定器”的特征表现。正如诺贝尔奖获得者、著名经济学家萨缪尔森说过的那样：税收制度几乎在无意之中具有高度的伸缩性。具体地说，政府根据不同时期的经济状况，运用税收政策“相机抉择”地“熨平”经济的周期性波动。在经济萧条时期，国民生产总值下降，个人收入和公司利润减少时，政府可以适当降低税率，来避免可支配收入的下降，刺激投资和消费需求，避免衰退的扩大；在经济处于高涨时期，随着生产扩大、就业增加、收入上升，政府可以适当提高税率，抑制和减少可支配收入的过度增长，遏制投资和消费需求的膨胀，降低通货膨胀率。此外，政府还可以通过税收政策的调整来促进高新技术的开发和研究，促进基础产业发展和加快基础设施建设，促进充分就业等。

2.4.2.3 税收对收入分配的影响

按生产要素进行分配，是市场经济条件下收入分配的基本原则。由于不同社会成员拥有的生产要素的数量及其单位回报率都不尽相同，由此导致现实中的收入分配差距往往非常大，并有可能因此进一步拉大收入分配的差距。收入分配差距过大，是市场失效的一种重要表现形式，它的存在要求政府予以适当干预。税收是政府调节收入分配以实现社会公平的重要手段之一，政府通过征税不仅可以对高收入者课以高税，抑制高收入者的收入，而且还可以通过转移支付提高低收入者的收入，改善收入分配状况。

（1）个人所得税是调节收入分配的最有力工具。在各种收入来源既定的情况下，个人间收入分配的结果及其差距在很大程度上取决于个人所得税的征税状况。因为个人所得税具有两大特点：一是个人所得税直接对纳税人的所得综合或分类进行征税，即使实行比例税率也体现了支付能力原则，即高收入者多征，低收入者少征；二是可以实行累进税率制度，税率随着收入级次的提高而提高，收入水平越高，适用税率越高，从而具有较强的再分配作用。因此，个人所得税对个人间的收入分配，特别是对抑制收入差距的扩大具有特殊功能。个人所得税法及其实施条例和相关政策规定，对个体工商户、个人独资企业和合伙企业自然人投资者的生产经营所得依法计征个人所得税时，个体工商户业主、个人独资企业和合伙企业自然人投资者本人的费用扣除标准统一定为 60000 元/年（5000 元/月）。该项税收优惠政策的实施有利于减轻企业负担，促进小微企业发展。

（2）税收支出也是影响收入分配的重要工具。政府可以通过对许多项目做出不予课税、税额抵免、所得扣除等特殊规定，增加低收入阶层的实际收入。实现这一目标的途径有两个：一是直接对低收入阶层的许多纳税项目给予税收优惠，包括医疗费用扣除、儿童抚养费用扣除、劳动所得抵免、老年人和残疾人所得扣除、失业福利扣除、社会保险扣除等；二是对有助于间接增加低收入阶层收入或减少低收入者消费支出的行为给予税收优惠照顾，如高收入者向慈善机构、公益事业机构等单位的捐款，给予免税待遇，以鼓励慷慨解囊举办社会福利事业。

（3）其他税收措施也是实现收入再分配的良好手段。财产税着重从存量的角度对以往累积起来的财富分配进行调节。从公平财富分配的角度来看，遗产税和赠与税等财产转让税是防止财富过度集中的有力工具，它对缓和分配不公、补充个人所得税的不足有着重要意义。社会保险税是以纳税人的工薪所得作为征税对象的一种税收，在为全体居民提供社会保障基金的同时，也发挥了高收入群体和低收入群体之间的再分配作用。

第 3 章

我国小微企业发展现状及问题分析

3.1 小微企业发展现状

3.1.1 小微企业发展历程

30 多年来，我国小微企业从少到多，从弱到强，不断发展壮大。与改革开放以来的经济体制改革进程相类似，我国小微企业也大致经历了三个不同的发展阶段。

第一个阶段是 1978—1992 年，这个阶段是小微企业规模和数量的扩张时期。1978 年底，中央通过了《中共中央关于加快农业发展若干问题的决定（草案）》，明确提出要大力发展乡镇企业，从此乡镇企业在农村地区蓬勃发展起来。同时，在城市国家鼓励和支持发展个体经营户和集体企业，并提出要改革国有中小企业。1984 年，党的十二届三中全会通过了《关于经济体制改革的决定》，要求赋予中小企业更多的自主权；1987 年，党的十三大报告允许中小企业的产权进行有偿转让。所有的这些政策盘活了我国的中小企业，这个时期的中小企业规模和数量都有了快速的发展和扩张，有力地促进了经济发展，提高了人民的生活水平。

第二个阶段是 1992—2002 年，邓小平的南方谈话开启了中小企业发展的新阶段。推动国有中小企业改革和促进非公有制经济的发展是这一时期的主要任务。政府通常采用兼并、重组、股份制改革和出售等手段来加快国有中小企业改革的步伐，使国有中小企业逐步退出国有经济领域，民营中小企业得以进入并蓬勃发展，以此逐步地建立起社会主义市场经济体制。2000 年 9 月，国家发布了《关于鼓励和促进中小企业发展的若干政策意见》，改善了中小企业的生存和发展环境，中小企业发展获得了重大支持。可以说这个阶段是中国中小企业发展的重要历史阶段。

第三个阶段是 2002 年以后。2002 年 6 月，国家颁布了《中小企业促进法》，这是我国制定的扶持和促进中小企业发展的第一部专门法律，标志着中国中小企业的发展进入了新的阶段。党中央、国务院高度重视小微企业的发展，近年来制定了一系列相关政策措施。2005 年国务院出台了《关于鼓励支持和引导个体私营等非公有制经济发展的若干意见》，进一步引导非公有制经济的发展，2009 年发布了《关于进一步促进中小企业发展的若干意见》，2010 年发布了《关于鼓励和引导民间投资健康发展的若干意见》，2011 年发布了《中小企业划型标准规定》，将中小企业划分为中型、小型、微型三种类型，使得相关扶持政策也更具针对性；2012 年 4 月，国务院发布《关于进一步支持小型微型企业健康发展的意见》，从加大财税和金融支持等方面提出了 29 条政策措施；2013 年 12 月，国务院发布《关于全国中小企业股份转让系统有关问题的决定》，2014 年发布《关于进一步促进资本市场健康发展的若干意见》，积极营造良好的市场环境，促进中小企业发展。

3.1.2　小微企业发展取得的成效

企业是构成市场经济运行系统的基本组成单元，国家经济的发展离不开企业。随着我国经济的不断发展，中小企业特别是小微企业已经发展壮大并成为经济发展的生力军。我国的企业规模分布结构呈金字塔状，塔尖由数量较少的大型企业组成，而大量的中小企业、小微企业则构成塔的基底。改革开放以来，我国小微企业逐步发展壮大，在国民经济中的地位也越来越重要，为全面建成小康社会起了重要的推动作用。

3.1.2.1　小微企业占市场主体的绝对多数，是经济持续稳定增长的基础

从数量上来看，大型企业占全国企业总数的份额不到 0.1%，中型企业不到 1%，其余 99% 以上为小型微型企业，几乎涵盖了国民经济的所有行业，小

微企业已经成为我国实体经济发展的主要动力。据国家工商总局测算，截至2013年底，全国各类企业总数为1527.84万户。其中，小微企业1169.87万户，占到企业总数的76.57%。将4436.29万户个体工商户纳入统计后，小微企业所占比重达到94.15%。私营企业中小微企业的比重最高，80.72%的私营企业均为小微企业，构成了我国小微企业的主体。而在小微企业内部结构中，微型企业占据绝对份额，小型企业占14.88%，微型企业占85.12%，小型与微型企业的比例约为1:5.72。根据国家统计局数字显示，2017年底，中小企业36.9万户，占全部规模以上工业企业户数的97.6%，其中中型企业5.0万户，占中小企业户数的13.5%；小型企业31.9万户，占86.5%。2017年中小微企业对GDP的贡献超过了60%，税收贡献占到了50%以上。大量的小微企业构成了我国市场经济的主体，激发了市场活力，促进了我国经济的发展。2016年西南财经大学中国家庭金融调查与研究中心发布《小微企业税收政策研究报告》，报告数据显示，在国家大力扶持下小微企业发展迅猛，2014年我国小微企业创造的最终产品和服务的价值相当于GDP的30%。另据相关统计，2017年，小微企业创造的最终产品和服务的价值已达到GDP的60%左右。作为国民经济发展的生力军，小微企业扮演着越来越重要的角色。

3.1.2.2 小微企业已经成为社会就业的主要承担者

我国有劳动力人数近8亿，就业人数已达7.67亿。全国的小微企业，仅企业主自身一项就解决了几千万人的就业问题，加上企业雇佣员工，已经解决我国1.5亿人口的就业问题。新增就业和再就业人口的70%以上集中在小微企业①。小微企业成为社会就业的主要承担者，主要表现在三个方面：

一是从资产净值人均占有份额上来看，同样的资金投入，小型微型企业可吸纳就业人员数倍于大中型企业。小型微型企业单位投资的劳动力（就业容量）和单位产值使用劳动力（就业弹性）都明显高于大中型企业。也就是说，相同资本投入，小型微型企业的就业岗位单位产出最高。同样的资金投入，小型微型企业可吸纳就业人员平均比大中型企业多4—5倍。

二是从绝对份额来看，小型微型企业是解决我国城镇就业和农村富余劳动

① 2014年工商总局全国小型微型企业发展情况报告（摘要）。

力向非农领域转移就业问题的主渠道。相对大中型企业，微型企业创业及就业门槛较低，创办微型企业所使用的资源少，对环境的适应性更强，新微型企业创办速度更快，从而使得数目众多的微型企业在总量上提供社会的就业机会更多些。按照新标准和第二次全国经济普查数据，加上有证照的个体工商户，微型企业从业人员占第二次全国经济普查全部法人企业从业人员的 38.7%。目前，中国 70% 的城镇居民和 80% 以上的农民工都在小型微型企业就业。

三是从容纳就业人数的空间上来看，大型企业扩大就业的能力与资本的增长成反比例的变化。随着大企业技术构成和管理水平的不断提高，加上企业的优化重组，大中型企业特别是大型企业能够提供的新的就业岗位将越来越有限，劳动密集型的特征正在迅速淡化，集中在轻工业和服务业的小型微型企业，成为新成长劳动力就业和失业人员再就业主要承担者。

3.2　小微企业发展中面临的主要问题

近年来，由于中国经济增速放缓，2018 年经济增速仅为 6.6%，国际经济大环境持续低迷，极大地影响了我国小微企业的发展。不仅如此，挤出效应依旧尖锐地反映在小微企业的发展过程中。持续低迷的大环境让投资者小心谨慎，投资资本流向更加稳妥的大中型企业，社会资源亦如此。小微企业规模小，缺乏与大环境持续抗衡的力量，因此生存空间被逐步挤压。目前，我国小微企业发展面临的问题主要包括税收、融资和技术创新三个方面。

3.2.1　税收方面

3.2.1.1　税收政策法律层级较低，没有形成完善的税收政策体系

小微企业税收政策法律层级较低，法律效力不强，规范性较弱。我国目前实施的小微企业税收政策法规中，只有为数很少的是由全国人大常委会制定的，如《企业所得税法》《中小企业促进法》等为一般法律，其他大多是由国务院制定的行政法规，更多的是由财政部、国家税务总局等国务院所属部委联合或者单独制定的政府规章、通知形式的文件，其法律效力、规范性、稳定性和权威性都比较弱，不利于小微企业税收政策的执行。在小微企业税收政策执

行过程中，因为小微企业税收政策法律位阶偏低，实际执行中如果跟上位法有抵触的时候，即使按现行的小微企业税收政策规定执行更为合理和有利，但是根据上位法优于下位法原则，也得根据上位法的规定执行。这让小微企业税收政策的权威性受到严峻挑战，必然会影响到小微企业税收政策的有效执行，降低小微企业税收政策的执行效果，进而影响到小微企业的健康发展。从一般意义上说，法律是最具稳定性的，而一般性的文件通知则处于经常的变动之中，造成相关税收政策在执行时受人为因素影响较大，税收政策难以落实，实施效果不明显。

3.2.1.2　小微企业税费负担较重，阻碍了小微企业发展

税收负担是国家通过法律的形式向纳税人征税，纳税人在一定时期内应缴纳的税款致使经济利益流向政府，从而使纳税人产生经济负担。从我国的情况来看，近几年来税收收入占 GDP 的比重呈逐渐上升趋势（见图 3 - 1）。

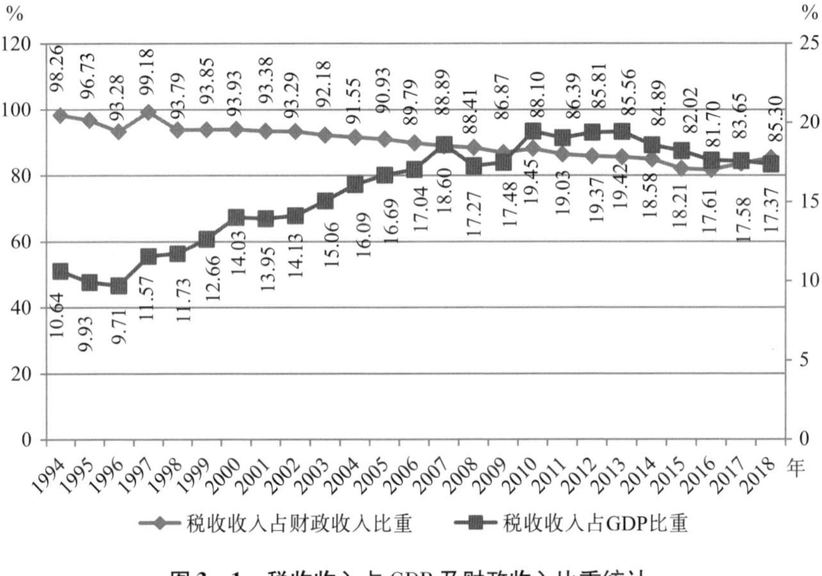

图 3 - 1　税收收入占 GDP 及财政收入比重统计

从图 3 - 1 中可以看出，1994—2018 年，我国税收收入占财政收入的比重逐渐下降，但税收收入占 GDP 的比重呈上升趋势，从我国宏观税收负担变动上看，我国税收收入增长率高达 29.51%，而名义 GDP 增长率为 17.68%，宏观税收负担是在不断加重的。

为了扶持小微企业发展，政府出台了多项税收优惠政策，但企业在实际生产经营过程中税费负担仍然较重。小微企业在经营中需缴纳的税款主要包括增值税、企业所得税、房产税、城镇土地使用税、城市维护建设税、教育费附加等。以教育费附加为例，全国有十几个省份针对缴纳增值税、消费税的纳税人按照其实际纳税额再另行征收2%的地方教育费附加，导致企业税负进一步加重。过重的税收负担严重地挤占了小微企业本已薄弱的利润空间，成为小微企业现在以及将来生存和发展的重大障碍。国家统计局数据显示，个体工商户2014年纳税总额为2910亿元，其中流转税缴纳总额占比为62.1%；法人小微企业2014年纳税总额为23599亿元，其中流转税纳税总额占比为65.3%；2014年法人小微企业纳税额占国家税收总额比重达到19.8%（见图3-2）。

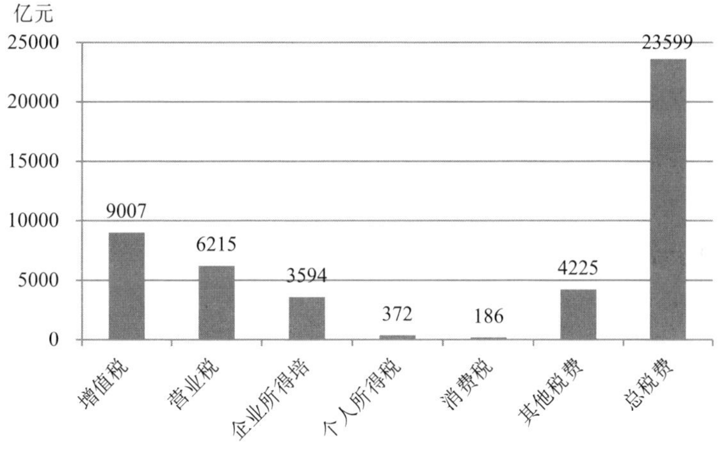

图3-2 2014年法人小微企业纳税总额

此外，小微企业仍然面临着项目繁杂的行政事业性收费，其中，企业员工的养老、医疗、失业等各类保险费用占据较高比例，还有各类服务费用，均成为小微企业的非税负担。以浙江省为例，涉及小微企业的收费项目依然较多，一些不合时宜的项目仍在收取，而且征收比例不低。浙江省小微企业主要收费项目如表3-1所示。

表 3-1　　浙江小微企业主要收费项目和费率或金额

序号	行政事业性收费项目	费率或金额
1	养老保险	工资总额的 15%
2	医疗保险	工资总额的 6%
3	工伤保险	工资总额的 1%
4	失业保险	工资总额的 2%
5	生育保障金	工资总额的 0.3%
6	残疾人保障金	工资总额的 0.5%
7	教育费附加	增值税的 3%
8	地方教育费附加	增值税的 2%
9	水利基金	销售收入的 0.12% 或 0.1%
10	文化事业建设费	经营收入的 3%
11	有关协会会费	每年约 800 元、1000 元、3000 元、3500 元不等
12	工会经费	工资总额的 0.3% 或 0.8% 或 1000 元/年
13	营业执照年检费	1000 元/年
14	工商年检 E 照通服务费	100 元/年
15	暂住证	30 元/年/人
16	数字证书费	500 元
17	环保收费等	—
18	其他检查、培训、摊派等项目	—

资料来源：根据相关文献整理。

另外，小微企业在发展中也面临着行政部门多头管理，行政审批效率慢，乱收费、乱罚款、乱摊派等问题，各种显性和隐性负担施压下来，小微企业已不堪重负。

3.2.1.3　税收征管有待于加强

（1）税务机关对税收政策的宣传力度不够，没有形成良好的征纳环境。我国每年都会出台很多的税收政策，但是政策实施效果却不尽如人意。一方面，税务机关没有采取灵活多样的形式对小微企业开展宣传活动，只局限于发放一些简单的宣传资料，在办税场所悬挂宣传条幅，到公共场所集中宣传，多注重形式宣传，难以真正达到宣传的效果；在宣传内容方面，缺少针对小微企业的专项税收宣传，大多是笼统地宣传公民有依法纳税的义务，没有直接针对小微企业纳税人享受税收优惠政策权利的宣传，偶尔有一些关于小微企业的税收宣传内容，但是整体上宣传内容还是大而泛，比较笼统、模糊。另一方面，作为财务人员必须时刻关注国家发布的优惠政策并对其非常熟悉，才能很好地进行税收筹划，为企业降低税收负担。小微企业由于规模小、人员少，有些财务人员专业素质不高，一些会计人员都是兼职会计，处理很多家企业的账务业务，他们对税收政策的了解一般是通过税务网站、报纸媒体等渠道，不能够及时获悉税收政策的新变化，对税收政策的理解度不够，掌握不到位，只简单地把税务机关理解为征收税款的，把税收优惠简单理解为减税和免税，税务机关和小微企业纳税人没有形成良好的征纳互动。这样的税收政策执行的社会环境，对小微企业税收政策执行极为不利。

（2）小微企业认证程序复杂，税收遵从成本高。2011 年，工信部出台小微企业的认定标准，在小微企业申请享受税收优惠政策以前，必须进行资格认定。小微企业资格认定须提交营业执照复印件、申请表、经营场地和业绩等材料，还要基层部门书面推荐，由所在区县的相关部门组织专家进行评审，经过公示以后才能确认。如此复杂的认定程序，需要上交多份材料，关系到多个部门，耗费大量时间和经济成本，而且获得的优惠幅度比较有限，对小微企业没有充足的吸引力，致使小微企业放弃或不愿申请资格认定。

小微企业税收遵从成本高。首先，我国税制比较复杂，从出台的各类税法条文来看原则性比较强，在征管过程中，多数都依据规范性文本，容易使小微企业对税法的理解产生偏差，导致小微企业相比大型企业税收遵从成本较高。其次，申请享受税收优惠的程序复杂，操作成本高。比如，企业使用的原材料符合国家免税政策的，必须先到相关部门进行检测，不仅要交纳检测费，而且周期长，被拖卡现象严重，最终检测结果还需经税务部门审批后才能给予税收优惠。整个过程付出了大量时间和金钱，甚至超出了税收优惠带来的收益，大大降低了小微企业申请减免的积极性。

（3）税务人员综合执法水平有待提高。对于地方经济的发展，税收环境是其中重要的方面，而税务人员是直接与企业打交道的，其综合素质的高低对地方税收环境有至关重要的影响。税收专业化管理对基层税收管理人员的征管水平提出了更高的要求，但个别税收管理人员的综合素质不高，跟不上税收专业化的发展。有的税收管理人员对税收政策、会计核算等相关专业知识不熟，在日常工作中管理方式简单粗放。有的税收管理人员在执行税收政策时，对政策把握不精准或者理解不准确，从而在税收政策、法规的宣传、解释和实施的过程中，存在一定的随意性，导致问题解决不及时，口头答复比较多，直接影响政策执行的严肃性和时效性，税收征管质量不高。还有个别税收管理人员自身思想道德素质不高，责任意识不强，习惯利用职务之便获取私利，在日常工作中服务意识不强，执法方式简单、随意，执法手段强硬、粗暴，执法程序不合法，引发执法风险。

3.2.2 融资方面

世界各国的经验表明，小微企业发展所面临的一个关键问题就是融资困难。全国工同联统计显示，2014 年有高达 90% 以上的小微企业没有与金融机构发生过授信关系。由于小微企业的规模小、固定资产比重低、财务信息透明度低、抵御外部风险能力较弱等经营特征，因此其具有独特的融资需求。融资期限较短，所需资金多为临时性周转资金，因此对短期信贷资金需求较多；所需融资额度较小，单笔所需资金通常在 500 万元以下；在抵押担保上缺乏土地、厂房等传统抵押物，对金融机构的信用贷款需求迫切；在产品种类上则个性化需求较多。目前我国小微企业融资难问题主要表现在以下几个方面。

3.2.2.1 小微企业融资渠道狭窄

作为融资主体，小微企业融资方式主要有内源融资和外源融资两种。内源融资是指企业经营活动结果产生并积累的资金，即企业内部融通的资金，是企业创办过程中原始资本积累和运行过程中剩余价值的资本化。内源融资主要包括初始投资形成的股本、企业留存收益、亲友借款等自有资本及员工集资等债务融资。内源融资对企业的资本形成具有原始性、自主性、低成本和抗风险的特点，对企业的生存与发展有重要作用。在市场经济发达的西方国家，内源融资是企业首选的融资方式，是企业资金的重要来源。

在小微企业创立初期，内源融资是小微企业获得资金最低廉、最快捷、最简单的方式。由于内源融资是在不涉及企业资金所有权、控制权的变更和转移的前提下，对企业资金资源的优化配置，整个过程不必对外付出任何代价，不会减少企业的现金流量，也不需要还本付息，是一种低成本、高效益的融资方式。更重要的是，由于内源融资不涉及企业与外部的关系，与其他融资方式相比，简化了审批手续，中小企业可以根据自身经营需要灵活地进行资金配置，从而大大提高了融资效率。当前，社会资金成本较高，利用内源融资对小微企业非常有利。但从我国小微企业长期发展来看，内源融资占比较大对于我国小微企业发展是极为不利的因素。原因在于我国小微企业自身资本规模小，经营管理水平低，产品技术含量低，盈利能力差，战略眼光短浅，自留资金不够充足，内源融资能力薄弱，仅依赖内源融资将影响企业的技术革新及扩大再生产，导致企业发展滞后，不能创造出其应有价值。这就需要借助外源融资来获取企业发展所需的资金。

外源融资是指企业主要依靠自身之外的市场主体，通过一定的方式使之转化为自身的投资的过程。一般认为，只有当内源融资仍无法满足企业资金需要时，企业才会转向外源融资。该方式在获取资金方面具有高效性、灵活性、集中性和资金量大等特点，一般通过专业化的金融媒介发挥作用。在经济日益信用化、货币化和证券化的进程中，外源融资对于规模较大的企业而言已经成为企业获取资金的主要方式，但对小企业而言则存在一定困难。外源融资分为直接融资（企业在证券市场上通过发行股票、债券或由风投方式取得资金）和间接融资（银行贷款、民间借贷等）两种方式。但是从我国的现状来看，小微企业外源融资渠道过于狭窄。

从直接融资方式来看，目前我国股票市场建设基本完善，具备为大中型及小微企业提供直接融资渠道的能力。沪深证券交易所中小企业板市场、创业板市场以及新三板市场，都可以为小微企业的直接融资提供途径。但是由于我国股票市场建立时间较短，支持小微企业融资功能有限，并且绝大部分小微企业很难达到交易所对上市企业规模和资金的要求；再加上目前我国债券市场的发展还很不成熟，因此小微企业很难通过发行企业债券、上市发行股票等方式获得资金。我国风险投资市场刚刚起步。风险投资是指利用企业自身的高成长性（高成长性意味着投资回报大），采用私募的方式扩股，吸引资金投入，使企业获得发展所需资金。但目前我国进行风险投资的基金不多，资金规模还比较小。所以采用风险投资的方式助力小微企业融资不可能成为主要渠道。

从间接融资方式来看，抵押和担保是处于信贷信息劣势地位的金融机构用于防范风险的重要措施。理论上，土地、房屋、机器设备、存货、应收账款等多种资产都可作为贷款的抵押品，但由于中国资产交易市场不够发达，大多数抵押品缺乏流动性，银行又缺乏对应收账款等的鉴别和评估能力，因此，银行偏好于土地、房产的抵押。目前，我国各商业银行均按照总行规定的标准进行信用等级评定，不分企业规模大小，标准一致。即便是针对小微企业贷款，方式也主要是抵押贷款和少量的担保贷款，信用贷款几乎没有。而且，在抵押贷款中，商业银行很少接受除土地、房产之外的其他抵押物。小微企业中新兴企业多，经营风险性高，资产积累不足，经济实力不强，未拥有土地经营权、厂房所有权和使用权，难以提供较好的贷款担保条件，因此无法达到大多数商业银行要求的条件。根据2013年《小微企业融资发展报告：中国现状及亚洲实践》调查显示，82.5%的小微企业没有自己的厂房，在目前有贷款的企业中，仅9.8%的小微企业使用过厂房抵押，6.9%的小微企业使用过机器设备抵押①。相对于大企业而言，小微企业不仅缺乏可供抵押、担保的财物，而且人事和财务管理制度不健全，账务不明晰。如若放贷给小微企业，对银行而言，细致的考察及监督必然需要信贷员投入大量时间和精力，这意味着经营成本的增加，因此出现了银行会对小微企业“惜贷”的现象。民间融资方面，在银行贷款无法满足小微企业资金需求的情况下，虽然小微企业可以通过民间借贷获得资金，但民间借贷作为一种非正规金融，一直游离于国家金融体制之外，受经济、金融体制和法律、法规的制约，多年来，一直在“夹缝”中求生存，没有明确的法律规范，致使民间借贷管理上缺位，而且绝大部分民间借贷都是高利贷，融资成本很高，极大地增加了小微企业的融资风险。

3.2.2.2 小微企业融资成本高

融资成本是企业获得资金所要付出的代价，不仅包括企业在筹资过程中所花费的筹资费用，也包括因使用资金而需向资金提供方支付的用资费用。融资成本对于小微企业来说也是一个至关重要的问题。企业希望通过融资来解决流动资金或者获得企业升级转型的资金，但如果融资成本过高无疑会给企业带来

---

① 小微企业融资发展报告：中国现状及亚洲实践［R］．博鳌亚洲论坛，2013.

很重的财务负担，甚至影响企业的发展。由于小微企业股权融资等渠道狭窄，其主要依赖商业银行、小额贷款公司以及民间借贷等途径实现融资目的。根据 2013 年《小微企业融资发展报告：中国现状及亚洲实践》调查显示，59.4% 的小微企业表示，其借款成本在 5%—10%，四成以上的小微企业表示借款成本超过 10%。中国人民银行 2018 年数据显示，商业银行一年期基准贷款利率为 4.35%，且根据企业客户资信状况在基准利率的基础上上浮 10%—30% 不等。一般而言，大中型企业贷款利率大多在基准利率的基础上上浮 10%，即为 6.6%；而我国的小微企业因为规模小、抗风险能力弱，其贷款利率基本上是在基准贷款利率的基础上上浮 30%，大概为 7.8%。另外，银行多向小微企业提供短期信贷，而小微企业需要中长期资金来求得长期投资发展，这使得小微企业被迫采取“短期贷款，多次周转”的方式来满足长期资金周转的需要，这进一步加重了企业的融资成本。

当然，并不是所有的小微企业均能从商业银行获得足额的商业贷款。对于剩余的资金缺口，企业只能向小额贷款公司甚至民间借贷寻求帮助。据数据显示，小微企业在小额贷款公司贷款的成本在 15%—20%，显然这一成本相比于银行 7.8% 的融资成本要高得多[①]。而对于那些仅能通过民间借贷融得资金的企业而言，动辄高达 20% 甚至 30% 的融资成本，极大地增加了企业的财务压力。

3.2.2.3　金融服务模式与小微企业特点及融资需求不匹配

目前，金融机构风险评估技术主要集中在需要抵押品和对于财务报表等“硬信息”的考核，而小微企业在财务管理规范化方面有所欠缺，财务报告制度也不完善，无法向银行提供由审计部门确认的财务报表。贷款审批周期的冗长也极大地增加了小微企业的机会成本，目前我国金融机构特别是国有银行的信贷审批权限集中上收，业务流程僵化单一，使得审批贷款时间动辄半个月以上，这无法满足企业对于资金的急切需求。在贷款过程中，涉及政府部门和中介机构所需要的工商查询、抵押登记、担保评估等所花费的时间成本还没有计算在内。

---

① 魏子皓．小微企业扶持政策，怎样才能接得住．时代财经，2018.

3.2.3 技术创新方面

随着知识经济时代的到来，科学技术日益成为经济增长的决定性因素。在市场经济中，企业之间的竞争归根到底是技术的竞争，企业不创新就会灭亡，就会被市场所淘汰，企业维持长期竞争优势的唯一方法就是不断地进行技术创新，提高自己的核心竞争力。目前在许多行业中，技术创新已经成为企业发展的重要驱动力。

小微企业是技术创新的需求源和创造源，技术创新是小微企业发展的动力和源泉，为其发展提供了强大的后劲，是提高小微企业核心竞争力之所在。我国政府十分重视小微企业的改革和发展，也十分重视小微企业的技术创新，近年来采取了一系列鼓励和扶持措施，有效地促进了我国小微企业技术创新的发展。但是与世界发达国家相比，我国小微企业技术创新能力和水平尚属于初级阶段，小微企业技术创新水平地区及行业差异较大，技术创新存在的障碍与问题较多，影响了小微企业的进一步发展。目前，我国小微企业技术创新面临的问题主要有以下几个方面。

3.2.3.1 技术创新的数量少、水平低，社会化程度低

大、中、小企业在技术创新中所占的份额反映了一国技术创新的社会化程度，通常在任何一个国家，大中型企业对全社会的技术创新贡献要大一些，但如果在国家与国家之间比较，小企业所占的技术创新份额太低，说明该国技术创新的社会化程度较低，小企业所占的技术创新份额高，则说明该国创新的社会化程度较高。我国小微企业技术创新的成果不但数量少，而且水平低。以高新技术开发区的高科技小微企业为例，不少企业只是组装企业，缺乏技术创新的真正内涵。

据中国中小企业协会统计，科技型小微企业只占我国小微企业总数的2%，与国内大中型企业和国外企业相比，在技术研发投入、人才引进、知识产权保护等方面还存在很大的差距。与西方发达国家相比，我国小微企业技术创新的数量少，社会化程度低，基本上是一种大型企业垄断技术创新的格局。同时，由于缺乏专业的创新人才，技术水平低下，资金困难以及技术装备落后等原因，小微企业的技术创新主要来源于引进国外技术或与科研机构进行合作

创新，自主创新少。

3.2.3.2　工艺创新多，产品创新少

产品创新是指中小企业在产品的生产和经营过程中，对其自身经营的产品所从事的改造、提高或发明的创新活动，它可以分为突变创新和渐进创新两类。由于小微企业的技术水平和创新能力有限，其产品创新活动一般以渐进产品创新为主。工艺创新是指研究和采用新的或有重大改进的生产方法，从而改进现有产品的生产或提高产品的生产效率，一般情况下，大多数工艺创新是渐进的。产品创新和工艺创新有不同的经济效应，产品创新可以使创新者迅速占领市场，取得垄断地位，从而获得更多的垄断利润；工艺创新则可以降低某种产品的生产成本，提高其劳动生产率。一项重大的产品创新可以带起一个产业部门，相比之下，产品创新对经济发展的影响一般比工艺创新要大得多。产品创新在中小企业技术创新中之所以不占统治地位，未成为主导型的技术创新形式。首先，这与我国长期的销售市场格局有关。产品创新是在市场竞争异常激烈，通过工艺创新提高竞争能力变得有限时，才离开这一市场，重新开辟一个新的市场。而我国长期以来市场竞争不是很激烈，大部分中小企业没有感觉到市场竞争的存在，产品创新缺乏足够的动力。其次，产品创新需要花费更大的“决策成本”，需要更为勇敢的创新精神：产品创新需要花费较多的推介费用，产品投入市场初期，有可能会出现亏损，而工艺创新则效果显著；产品创新可以产生更大的正效应，相对应也可能给企业带来更大的负效应，所以工艺创新比产品创新更容易。

产生上述问题的原因有很多，主要可以概括为以下几点：一是小微企业的资金匮乏，技术创新的投入不足。与大中型企业相比，资金不足是我国小微企业技术创新的主要障碍。小微企业资金少，规模小，抗风险能力弱，而且创新需要的科研经费庞大、周期长，小微企业很难承受，采用银行贷款或者民间借贷的方式去从事科研成本较高。考虑到安全问题和盈利目的，风险投资也很难投入经费去帮助小微企业进行科研创新。小微企业难以从资本市场获得技术创新所需要的资金，影响了技术创新的开展。二是小微企业享受政府政策优惠和法律保护太少。我国对小微企业技术创新研究起步较晚，缺乏必要的经验，在制定一些政策时缺乏针对性，没有形成一个系统、完整的政策体系，导致目前我国政府出台的一系列扶持小微企业技术创新的政策或是没有落到实处，或是没有发挥应有的功效。当政府财力有限时，各级政府首先扶持的是大型企业，挫伤了小微企业技术创新的积极性。三是缺少专门的科技创新人才。小微企业在规模、资金、社会保障、福利待遇等方面难以和大型企业集团相比。由于小微企业解决不了人才的安置、职务晋升、职业发展愿景等问题，创新人才更倾向于待遇稳定的国企或报酬较高的外企。而且在人力资源的运用上，由于没有建立有效的激励机制，人才外流的现象严重，影响了技术创新人员积极性和创造性的发挥。四是信息资源缺乏。创新竞争在相当大的程度上就是信息资源的竞争。大型企业一般是行业技术集散地，技术来源广泛，信息费用较低，而中小企业在此方面具有明显的劣势。五是知识产权模糊，科研成果转化率低。现阶段我国的知识产权保护还存在一系列的问题，对小微企业的知识产权保护不到位，专利申请开支比较大，而且一旦发生纠纷，需要高昂的诉讼费，消耗大量精力，科研成果也难以转化为现实生产力并取得规模效益，因此小微企业缺少创新的动力，大多进行“模仿型技术创新”。六是小微企业风险承受能力较弱。小微企业由于资源缺乏，在技术创新活动中往往很难同时进行多种途径的替代研究而只能进行单一技术的开发活动，不能依靠替代研究相互补充，降低风险，因而往往要承担更大的技术风险、市场实现风险、人才风险、市场不确定风险等。

第 4 章

我国小微企业所得税优惠政策及问题分析

4.1 我国小微企业所得税优惠政策

小微企业所得税优惠政策最早出现于 2008 年 1 月 1 日开始施行的《中华人民共和国企业所得税法》及其实施条例。《中华人民共和国企业所得税法》第四条规定企业所得税的税率为 25%；对于小微企业，《中华人民共和国企业所得税法》第四章第二十八条规定“符合条件的小型微利企业，减按 20% 的税率征收企业所得税”，《中华人民共和国企业所得税实施细则》第九十二条规定“企业所得税法第二十八条第一款所称符合条件的小型微利企业，是指国家非限制和禁止行业，并符合下列条件的企业：工业企业，年度应纳税所得额不超过 30 万元，从业人数不超过 100 人，资产总额不超过 3000 万元；其他企业，年度应纳税所得额不超过 30 万元，从业人数不超过 80 人，资产总额不超过 1000 万元”。

2009 年 12 月 2 日，为有效应对国际金融危机，扶持中小企业发展，财政部、国家税务总局出台了《关于小型微利企业有关企业所得税政策的通知》（财税〔2009〕133 号），对扶持小型微利企业的所得税政策作了明确：自 2010 年 1 月 1 日至 2010 年 12 月 31 日，对年应纳税所得额低于 3 万元（含 3 万元）的小型微利企业，其所得减按 50% 计入应纳税所得额，按 20% 的税率缴纳企业所得税。

2011年1月27日，为巩固和扩大应对国际金融危机冲击的成果，发挥小企业在促进经济发展、增加就业等方面的积极作用，财政部、国家税务总局出台了《关于继续实施小型微利企业所得税优惠政策的通知》（财税〔2011〕4号），规定自2011年1月1日至2011年12月31日，对年应纳税所得额低于3万元（含3万元）的小型微利企业，其所得减按50%计入应纳税所得额，按20%税率缴纳企业所得税。

2011年11月29日，为了进一步支持小型微利企业发展，财政部、国家税务总局出台了《关于小型微利企业所得税优惠政策有关问题的通知》（财税〔2011〕117号），规定自2012年1月1日至2015年12月31日，对年应纳税所得额低于6万元（含6万元）的小型微利企业，其所得减按50%计入应纳税所得额，按20%的税率缴纳企业所得税。

2014年4月8日，为了进一步支持小型微利企业发展，财政部、国家税务总局出台了《关于小型微利企业所得税优惠政策有关问题的通知》（财税〔2014〕34号），规定自2014年1月1日至2016年12月31日，对年应纳税所得额低于10万元（含10万元）的小型微利企业，其所得减按50%计入应纳税所得额，按20%的税率缴纳企业所得税。

2015年3月13日，为了进一步支持小型微利企业发展，财政部、国家税务总局出台了《关于小型微利企业所得税优惠政策的通知》（财税〔2015〕34号），规定自2015年1月1日至2017年12月31日，对年应纳税所得额低于20万元（含20万元）的小型微利企业，其所得减按50%计入应纳税所得额，按20%的税率缴纳企业所得税。企业所得税法实施条例第九十二条第（一）项和第（二）项所称从业人数，包括与企业建立劳动关系的职工人数和企业接受的劳务派遣用工人数。从业人数和资产总额指标，应按企业全年的季度平均值确定。《财政部、国家税务总局关于执行企业所得税优惠政策若干问题的通知》（财税〔2009〕69号）第七条“从业人数和资产总额指标，应按企业全年月平均值确定”的规定同时停止执行。

2015年9月2日，为进一步发挥小型微利企业在推动经济发展、促进社会就业等方面的积极作用，财政部、国家税务总局出台了《关于进一步扩大小型微利企业所得税优惠政策范围的通知》（财税〔2015〕99号），规定自

2015 年 10 月 1 日至 2017 年 12 月 31 日，对年应纳税所得额在 20 万—30 万元（含 30 万元）之间的小型微利企业，其所得减按 50% 计入应纳税所得额，按 20% 的税率缴纳企业所得税。《财政部、国家税务总局关于小型微利企业所得税优惠政策的通知》（财税〔2015〕34 号）继续执行。

2015 年 9 月 10 日，为支持小型微利企业发展，贯彻落实国务院第 102 次常务会议决定，根据《中华人民共和国企业所得税法》及其实施条例、《财政部、国家税务总局关于进一步扩大小型微利企业所得税优惠政策范围的通知》（财税〔2015〕99 号）等规定，国家税务总局发布了《关于贯彻落实进一步扩大小型微利企业减半征收企业所得税范围有关问题的公告》（国家税务总局公告 2015 年第 61 号），规定自 2015 年 10 月 1 日至 2017 年 12 月 31 日，符合规定条件的小型微利企业，无论采取查账征收还是核定征收方式，均可以享受财税〔2015〕99 号文件规定的小型微利企业所得税优惠政策；符合规定条件的小型微利企业自行申报享受减半征税政策，汇算清缴时，小型微利企业通过填报企业所得税年度纳税申报表中“资产总额、从业人数、所属行业、国家限制和禁止行业”等栏次履行备案手续。同时，对于企业预缴时享受小型微利企业所得税优惠政策以及小型微利企业 2015 年第四季度预缴和 2015 年度汇算清缴的新老政策衔接问题做了具体的处理规定。

2017 年 6 月 7 日，根据《中华人民共和国企业所得税法实施条例》《财政部、国家税务总局关于扩大小型微利企业所得税优惠政策范围的通知》（财税〔2017〕43 号）等规定，自 2017 年 1 月 1 日至 2019 年 12 月 31 日，符合条件的小型微利企业，无论采取查账征收方式还是核定征收方式，其年应纳税所得额低于 50 万元（含 50 万元）的，均可以享受财税〔2017〕43 号文件规定的其所得减按 50% 计入应纳税所得额，按 20% 的税率缴纳企业所得税的政策。符合条件的小型微利企业，在预缴和年度汇算清缴企业所得税时，通过填写纳税申报表的相关内容，即可享受减半征税政策，无需进行专项备案。

2018 年 4 月 25 日，国务院总理李克强主持召开国务院常务会议，决定再推出 7 项减税措施，支持创业创新和小微企业发展；部署对银行普惠金融服务实施监管考核，确保今年实体经济融资成本下降。为降低创业创新成本、增强小微企业发展动力、促进扩大就业，会议决定，按照中央经济工作会议和

《政府工作报告》要求，加大减税力度。规定自2018年1月1日至2020年12月31日，将享受减半征收企业所得税优惠政策的小微企业年应纳税所得额上限，从50万元提高到100万元。

2019年1月18日，为了贯彻习近平总书记关于减税降费工作的重要指示精神，落实党中央、国务院关于支持小微企业发展的决策部署，财政部、国家税务总局发布《关于实施小微企业普惠性税收减免政策的通知》（财税〔2019〕13号），进一步加大企业所得税优惠力度，放宽小型微利企业标准。自2019年1月1日至2021年12月31日，从事国家非限制和禁止行业，且同时符合年度应纳税所得额不超过300万元、从业人数不超过300人、资产总额不超过5000万元等三个条件的企业，对其年应纳税所得额不超过100万元的部分，减按25%计入应纳税所得额，按20%的税率缴纳企业所得税；对年应纳税所得额超过100万元但不超过300万元的部分，减按50%计入应纳税所得额，按20%的税率缴纳企业所得税。小型微利企业所得税统一实行按季度预缴（见表4－1）。

表4－1　　减半征收税收优惠政策

年度	颁布时间	文件号	文件内容
2009	2009.12.02	财税〔2009〕133号	自2010年1月1日至2010年12月31日，对年应纳税所得额低于3万元（含3万元）的小型微利企业，其所得减按50%计入应纳税所得额，按20%的税率缴纳企业所得税
2011	2011.01.27 2011.11.29	财税〔2011〕4号、财税〔2011〕117号	财税〔2011〕4号规定：自2011年1月1日至2011年12月31日，对年应纳税所得额低于3万元（含3万元）的小型微利企业，其所得减按50%计入应纳税所得额，按20%的税率缴纳企业所得税； 财税〔2011〕117号规定：自2012年1月1日至2015年12月31日，对年应纳税所得额低于6万元（含6万元）的小型微利企业，其所得减按50%计入应纳税所得额，按20%的税率缴纳企业所得税

续表

年度	颁布时间	文件号	文件内容
2014	2014. 04. 08	财税〔2014〕34 号	自 2014 年 1 月 1 日至 2016 年 12 月 31 日，对年应纳税所得额低于 10 万元（含 10 万元）的小型微利企业，其所得减按 50% 计入应纳税所得额，按 20% 的税率缴纳企业所得税
2015	2015. 03. 13 2015. 09. 02	财税〔2015〕34 号、 财税〔2015〕99 号	财税〔2015〕34 号规定：自 2015 年 1 月 1 日至 2017 年 12 月 31 日，对年应纳税所得额低于 20 万元（含 20 万元）的小型微利企业，其所得减按 50% 计入应纳税所得额，按 20% 的税率缴纳企业所得税； 财税〔2015〕99 号规定：自 2015 年 10 月 1 日起至 2017 年 12 月 31 日，对年应纳税所得额在 20 万元到 30 万元（含 30 万元）之间的小型微利企业，其所得减按 50% 计入应纳税所得额，按 20% 的税率缴纳企业所得税
2017	2017. 06. 07	财税〔2017〕43 号	自 2017 年 1 月 1 日至 2019 年 12 月 31 日，符合条件的小型微利企业，无论采取查账征收方式还是核定征收方式，其年应纳税所得额低于 50 万元（含 50 万元）的，其所得减按 50% 计入应纳税所得额，按 20% 的税率缴纳企业所得税
2018	2018. 04. 25	国务院常务会议	自 2018 年 1 月 1 日至 2020 年 12 月 31 日，将享受减半征收企业所得税优惠政策的小微企业年应纳税所得额上限，从 50 万元提高到 100 万元
2019	2019. 01. 18	财税〔2019〕13 号	自 2019 年 1 月 1 日至 2021 年 12 月 31 日，对年应纳税所得额不超过 100 万元的部分，减按 25% 计入应纳税所得额，按 20% 的税率缴纳企业所得税；对年应纳税所得额超过 100 万元但不超过 300 万元的部分，减按 50% 计入应纳税所得额，按 20% 的税率缴纳企业所得税

资料来源：国家税务局网站，http：//www. chinatax. gov. cn/n810341/index. html。

总体来看，七次连续出台的优惠政策提高了年应纳税所得额，使小微企业的受惠范围得以扩大，增强了小微企业的税收优惠力度；在有些税收文件规定的优惠期限未到期时，又及时出台新的文件对优惠期限进行延长，这在一定程度上使小微企业投资者对税收负担作出一定的预期，从而可以促进小微企业合理配置营运资金，提高运营效率。

此外，根据《国家税务总局关于固定资产加速折旧税收政策有关问题的公告》（国家税务总局公告2014年第64号）规定：从2014年起，小型微利企业持有的固定资产，单位价值不超过5000元的，可以一次性在计算应纳税所得额时扣除。企业在2013年12月31日前持有的单位价值不超过5000元的固定资产，其折余价值部分，2014年1月1日以后可以一次性在计算应纳税所得额时扣除。除此之外，生物药品制造业，专用设备制造业，铁路、船舶、航空航天和其他运输设备制造业，计算机、通信和其他电子设备制造业，仪器仪表制造业，信息传输、软件和信息技术服务业等6个行业的企业（含小型微利企业）还可以享受2014年1月1日后购进的固定资产（包括自行建造），允许按不低于企业所得税法规定折旧年限的60%缩短折旧年限，或选择采取双倍余额递减法或年数总和法进行加速折旧。6个行业中的小型微利企业2014年1月1日后新购进的研发和生产经营共用的仪器、设备，单位价值不超过100万元的，允许一次性在计算应纳税所得额时扣除；单位价值超过100万元的，允许按不低于企业所得税法规定折旧年限的60%缩短折旧年限，或选择采取双倍余额递减法或年数总和法进行加速折旧。

为提升金融企业给小微企业提供贷款的信心，缓解小微企业贷款难的困境，国家税务总局出台了《关于金融企业涉农贷款和中小企业贷款损失税前扣除问题》（国家税务总局公告2015年第25号）的公告，规定2014年及以后年度，金融企业对涉农贷款和中小企业贷款损失可按照相关规定进行税前扣除。2018年，财政部、国家税务总局为进一步加大对小微企业的支持力度，又出台了《关于金融机构小微企业贷款利息收入免征增值税政策的通知》（财税〔2018〕91号），规定自2018年9月1日至2020年12月31日，对金融机构向小型企业、微型企业和个体工商户发放小额贷款取得的利息收入，免征增值税。虽然政策针对的并不是小微企业本身，而是与小微企业经营活动过程中息息相关的金融机构，但是也能间接地对小微企业发展起到推动作用。这两项政策可以增强金融企业抵御风险的能力，鼓励金融企业加大对小微企业的贷款力度，有利于小微企业融资难问题的解决。

4.2　我国小微企业所得税优惠政策存在的问题

4.2.1　优惠政策变化频繁，缺乏稳定性

十二届全国人大三次会议表决通过了修改《立法法》的决定。其中，正式确定了税收法定的原则。在此之前，我国 18 个税种中只有 3 个通过了人大立法，它们是《个人所得税法》《企业所得税法》《车船税法》，其他大部分属于由国务院依据授权制定的暂行条例。在税法方面，严格来说，我国尚未制定税收基本法。法律渊源有正式和非正式之分，税收法律具有最高的法律效力，属于税收方面的正式法律渊源。而税收优惠的原则和规范只是散落在各种税收相关的法规和部门规章等政策性文件中，属于非正式的法律渊源。

正式的法律渊源最大特征在于它的权威性、规范性和稳定性，这也正是非正式的法律渊源弱化的地方。从 2009 年《国务院关于进一步促进中小企业发展的若干意见》到 2012 年《国务院关于进一步支持小型微型企业健康发展的意见》，这两份文件的出台表明我国小微企业发展得到了政府的重点关注。关于我国小微企业所得税的正式法律渊源是《企业所得税法》第二十八条，非正式法律渊源主要体现在各个关于小微企业减半征收税收优惠政策的税收规范性文件当中。由此，可以看出小微企业所得税税收优惠政策主要来源于国务院下属职能部门财政部、国家税务总局等相关部门出台的规章，以及部分地方根据本地区情况制定的税收地方性法规。这些税收法规的效力低于法律，规范性和严肃性也不及法律。我国税收优惠政策存在的首要问题是立法层次不高、法定性不足。2009 年以来，我国政府先后出台 9 个文件，不断提高小微企业减半征收应纳税所得额的额度，同时延长优惠的享受时限。尤其是随着近几年我国经济形势的波动，我国政府对小微企业的发展予以了越来越高的重视，从而造成小微企业税收优惠政策的变动较为频繁。这在一定程度上削弱了小微企业

税收优惠政策的权威性、规范性和稳定性，特别是税收优惠政策的稳定性。一项税收优惠政策从颁布到落实，都离不开时间的积累和适应，任何税收优惠政策都需要时间的检验。这主要体现在两个方面：一是政府制定政策到实实在在落实需要时间；二是企业接触新的税收政策，克服经济行为的惯性需要时间。因此，税收优惠政策缺乏稳定性，会导致小微企业不能做出合理的行为预期，这不但不利于小微企业税收优惠政策的有效执行，而且还进一步损害了税收优惠政策的权威性与规范性，阻碍了税收优惠政策效力的发挥。另外，小微企业所得税优惠政策还存在优惠时间的限制，这表明优惠政策在一定程度上缺乏连续性和稳定性。小微企业在选择适用的税收政策时，会因其频繁修改变动、零散等缺陷，造成小微企业对税收政策的适应和落实存在一定困难，难以对税收政策的最新动态予以理解和把握。因此，小微企业所得税优惠政策在执行过程中，难免会出现小微企业很难快速适应新政策的问题，这是影响小微企业税收政策成效的主要因素，也是影响小微企业发展的关键原因。

此外，与小微企业相关的税收优惠政策往往是突然、临时颁布的，且多以通知形式发布，随意性较强，缺乏一定的规范性。小微企业税收优惠政策的不断变化，加上我国目前难以将小微企业税收优惠政策上升至法律层次，税收优惠政策稳定性、权威性仍被削弱，这不仅增加了税务机关的征管成本，也不利于小微企业的长远规划和稳定发展。

4.2.2 优惠政策导向性差，缺乏针对性

现行小微企业所得税优惠政策的导向性差、缺乏针对性，不能有效发挥税收优惠政策对区域协调发展和产业结构优化的促进作用。主要体现在以下两个方面。

4.2.2.1 税收优惠政策适用主体缺乏有效针对性

目前企业所得税法实施条例从行业准入、应纳税所得额、资产和从业人数等四个方面认定小型微利企业，小型微利企业的直接特征在于小型和微利，本质特征在于其是我国经济中的重要组成部分，小流汇聚成大海，其可持续发展和技术的创新才是稳定我国经济发展的重要因素。企业所得税法规定的享受优惠政策的对象主要考虑了企业的资产、从业人数、应纳税所得额等标准，这些

标准的划分并没有充分针对提高小微企业可持续发展、科学技术研发能力，使小微企业所得税优惠政策效力的发挥不能大力促进小微企业的发展。采用单一的标准制定小微企业税收优惠政策，实际上会导致税收优惠政策的实施缺乏明确的针对性①。这体现不出政府对小微企业的实质性扶持倾向，严重影响了小微企业所得税优惠政策效力的发挥。小微企业所得税优惠条款普遍适用于所有符合条件的企业，而未对其中科学技术开发与创新、节能环保技术等行业的小微企业特别优惠，针对性不足，按照我国现行企业规模划分标准，我国有超过90%的企业属于小微企业。由于小微企业自身的财务水平、信息来源等的不足，再加上税制的设计不合理，能够真正享受税收优惠政策的小微企业也不多，税收优惠政策适用主体缺乏针对性使得实际享受税收优惠政策的小微企业也就屈指可数了。

4.2.2.2　税收优惠政策对产业导向不清晰

税法的规范作用主要体现为指引、评价、预测、强制和教育。其中，指引作用最为重要。税法的指引作用主要体现在其对经济的导向作用，税收优惠政策作为税法的一部分，在不同的领域呈现出不同的形式，其所达到的目的或者政策效果也是存在区别的。从经济学角度看，税收优惠政策是国家调节经济发展的重要工具，它可以引导产业的发展，优化产业经济结构。“十三五”期间，随着经济发展阶段的转化和国内经济的条件变化，我国的要素结构出现了变化，主要表现包括技术引进效应的进一步衰弱且技术创新能力有待提高，资源供应趋于紧张且环境成本逐步在提升等。税收政策作为国家宏观调控的重要手段，应在科技创新和节能环保等方面发挥重要作用，为小微企业的发展指明方向。

目前，我国针对小微企业所得税税收优惠政策具有普惠性、出台的临时性以及明确思路和政策导向缺失等特征，使我国现行的小微企业所得税税收优惠政策缺乏产业导向。根据《企业所得税法实施条例》第九十二条的规定，只要从事的不是国家限制和禁止行业，并且符合资产总额、从业人数和年应纳税所得额的相关标准，就可以享受减半征收的税收优惠政策。政策的执行没有融

---

① 杨康．我国小微企业税收优惠政策研究［D］．云南财经大学，2016.

合国家产业政策，具有重点发展技术创新、资源节约与环境保护等特质的小微企业没有得到特殊的政策支持，往国家重点支持的产业方向发展的积极性就不是很高。小微企业的产业格局很难得到优化。

小微企业是科技创新的重要力量，而技术革新能力又是企业发展的核心内容和动力。目前，我国对小微企业创新能力培养的重视程度逐步提高，支持力度逐步加大，小微企业也加大了研发投入，但相比大中型企业而言，规模小和实力弱的小微企业无法适用更为优惠的税收政策，导致政策的激励不足。比如，税法不但对高新技术企业制定了15%的低税率，而且其前期的研发费用一并可以得到加计扣除，但是现实中，符合国家重点扶持的高新技术企业条件的小微企业很少，在高新技术企业中占比很小。同时，我国小微企业研发费用支出远远低于发达国家的平均水平，据统计，当前我国尚有超过50%的小微企业没有建立自己的研发机构，而那些已经建立起研发机构的小微企业的研发费用支出也是很低的，目前小微企业的研发费用只占全国研发费用的40%。而同期发达国家的小微企业研发费用占比却高达70%，这说明我国大部分小微企业无法享受15%优惠税率以及税前研发费用加计扣除的优惠。

4.2.3　受惠范围相对狭窄，优惠政策执行阻力较大

首先，小微企业定义的不统一造成优惠政策执行阻力加大。目前，关于小微企业的定义有两个，分别是小型微型企业和小型微利企业，其中：小型微型企业的概念来自工信部联合国家统计局、国家发展和改革委员会、财政部共同发布的《中小企业划型标准规定的通知》（工信部联企业〔2011〕300号），根据企业从业人员、营业收入、资产总额等指标标准对16类行业分别制定了小型和微型企业的划型标准，如工业企业中从业人员300人以下、营业收入2000万元以下为小型企业；从业人员20人以下、营业收入300万元以下为微型企业。而小型微利企业的概念源自《企业所得税法实施条例》第九十二条，“企业所得税法第二十八条第一款所称符合条件的小型微利企业，是指从事国家非限制和禁止行业，并符合下列条件的企业：工业企业，年度应纳税所得额不超过30万元，从业人数不超过100人，资产总额不超过3000万元；其他企业，年度应纳税所得额不超过30万元，从业人数不超过80人，资产总额不超

过 1000 万元”。从业人员和资产总额，按照《财政部 国家税务总局关于执行企业所得税优惠政策若干问题的通知》（财税〔2009〕69 号）第七条的规定执行。其中，从业人数包括与企业建立劳动关系的职工人数和企业接受的劳务派遣用工人数，从业人数和资产总额指标按企业全年的季度平均值确定。具体计算公式如下：季度平均值 =（季初值 + 季末值）/2，全年季度平均值 = 全年各季度平均值之和/4。年度中间开业或者终止经营活动的，以其实际经营期作为一个纳税年度确定上述相关指标。工信部联企业〔2011〕300 号文对小型、微型企业有详细明确的认定标准，企业所得税法中只有小型微利企业而无小型、微型企业的概念，相关概念及划型标准的不统一、相关文件之间的不衔接，容易误导社会公众，尤其使纳税人对国家扶持小微企业发展相关优惠政策产生误解。在财政部、国家税务总局 2019 年联合出台的《关于实施小微企业普惠性税收减免政策的通知》中，将小微企业定义为从事国家非限制和禁止行业，且同时符合年度应纳税所得额不超过 300 万元、从业人数不超过 300 人、资产总额不超过 5000 万元等三个条件的企业。不难看出，在最新的政策文件中，主要从应纳税所得额、从业人数与资产总额三个维度设计享受相关税收优惠的标准，而且不再区分工业企业与其他类型的企业。与之前的政策标准相比，这是一个进步，小微企业的标准也变得更为统一化。然而，在不同税种的税收优惠之间，小微企业依然存在标准不统一的现象。例如，企业所得税的税收优惠标准与增值税的税收优惠标准不统一。如前所述，企业所得税主要从应纳税所得额、从业人数与资产总额等维度进行判断，而增值税主要从纳税人类型与月度（季度）销售额等维度进行判断。对不同税种设计不同的税收优惠门槛，将直接造成小微企业在享受不同税种的税收优惠政策时，按照不同的标准与条件，分别核对相关指标，从而判断是否能够享受相关税收优惠。这在一定程度上直接增加了小微企业享受税收优惠的成本。定义标准的差异造成了观念冲突及部门利益冲突，这种冲突不仅会影响小微企业系统性政策的出台，也会影响政府各部门合力的形成，增大了税收优惠政策执行阻力。

其次，享受优惠政策条件苛刻造成大部分小微企业未能享受优惠。现行减半征收政策门槛高，20% 的优惠税率与基本税率 25% 相比较而言，优惠力度有限等，导致部分小微企业申请享受税收优惠政策的热情不高和小微企业无法享受企业所得税减半征收的税收优惠政策，这样政策就难以全面覆盖和落实。对小微企业从业人数的门槛设定，不利于调动小微企业增加就业岗位的积极性，更主要的是抑制了劳动密集型小微企业发展。这与国家想要“大力发展小微企业，以创业促进就业”的初衷相背离①。根据最新的财税〔2019〕13 号文件的规定，纳入所得税减半征收范围的应纳税所得额上限已经上升到了 300 万元。然而并不是所有的年应纳税所得额 300 万元以下的小微企业都可以享受减半征收的税收优惠政策。现行小微企业所得税优惠政策设定了行业判定、应纳税所得额、从业人数、资产总额四个限制性适用条件，这种多点设限的方式在实际操作过程中，对所属行业、财务核算、税务处理、用工情况四方面逐一核实的难度很大，特别是对于季节性经营、临时性经营或按合同、计划生产的小微企业来说，其从业人数更是经常发生变化的，职工人数平均数的计算繁杂且准确性差。由于企业所得税法设定的限制性条件多且各条件之间关联性不强、操作性不高，大部分小微企业因不能同时具备全部条件而无法实质性享受优惠政策。此外，按照政策规定，符合条件的核定征收企业均可享受优惠政策。但在实际操作中，核定征收企业所得税包括核定应税所得率和核定应税所得额两种方式，对于定率征收的小型微利企业，可以按照相关优惠政策执行，而对于定额征税的小型微利企业，由于该类企业规模小、核算不规范，基层税务机关一般采取简便征收方法，年终很少实行汇算清缴。因此，该类小微企业优惠政策的贯彻落实，只能通过调整核定税额的办法，优惠政策的施行较为困难。

4.2.4 直接税收优惠为主，间接优惠方式不足

在国际上，税收优惠大体可分为税率优惠、税基优惠、税额优惠三种形式，不同的税收优惠形式的调控范围和调控力度是不同的。我国现行小微企业所得税优惠政策主要是减半征收，优惠形式单一，优惠力度有限。与国外对比，我国的税收优惠政策运用国际上通行的延期纳税、专项费用扣除、加速折旧、投资抵免、盈亏相抵等间接方式较少。此外，我国对小微企业的税收优惠

① 徐诗举．对完善主体功能区差别化税收政策的建议［J］．税务研究，2016（9）：101－104.

仅仅对企业利润进行减免，在企业亏损的情况下这种政策优惠形同虚设，从而使得小微企业所得税优惠政策难以使小微企业真正获益。

针对小微企业所得额减半征收这样的直接式税收优惠形式确实能够使得小微企业真切感受到来自政府的引导作用，但是这些形式却没有充分考虑小微企业的特殊性和时代性。小微企业在复杂多变的经济社会中生存，已逐步朝着多元化的方向发展。当前的单一调控方式已经不能给小微企业更多的支持，其所带来的激励作用也是有限的。小微企业面临融资难、投资风险高等问题，现行政策对小微企业在解决难题方面发挥的作用力并不大。从小微企业发展阶段来看，税收优惠政策主要是政府在分配环节对小微企业进行直接的让利，而在小微企业的成立、运营的过程中对小微企业的优惠力度不足。

4.2.5　税收优惠政策未能覆盖亏损小微企业

现行的税收优惠政策均是针对应纳税所得额大于 0 的小微企业，而对应纳税所得额小于 0 的企业关注不够。事实上，与盈利小微企业相比，亏损的小微企业更需要政府的支持与帮助。此外，在我国，亏损的小微企业数量庞大。例如，马莹、王永琦（2019）研究发现，在某省 2017 年度的小微企业中，盈利的小微企业占比仅为 14.85%，而亏损的小微企业占比高达 85.15%。现行税收优惠政策并未覆盖亏损的小微企业，进而导致现行税收优惠政策的效应大打折扣。

4.2.6　提高应纳税所得额标准所产生的效应较为低下

为支持小微企业发展，国家不断地扩大享受税收优惠的企业范围，年应纳税所得额标准不断提高。从 2009 年的 3 万元，提高至 2011 年的 6 万元，再到 2014 年的 10 万元与 2015 年的 30 万元，直至 2017 年的 50 万元、100 万元与 2019 年的 300 万元。然而，不断提高的应纳税所得额标准并未导致小微企业范围的较大变化，所产生的效应也较为低下。原因在于，在我国现行的小微企业中，年应纳税所得额低于 50 万元的企业占主体地位。例如，马莹、王永琦（2019）调研发现，在某省 2018 年享受税收优惠的小微企业中，年应纳税所得额不超过 30 万元的企业占比高达 93%，年应纳税所得额在 50 万元至 100 万元之间的企业占比仅为2.51%，年应纳税所得额超过100万元的企业占比十分低下。可见，针对我国小微企业的现状，通过提高应纳税所得额标准来支持小微企业进一步发展的方式，产生的政策效应是较为低下的。

4.2.7 缺乏针对个体工商户的所得税配套优惠政策

现行税收优惠政策主要针对小微企业而设计，而对很多小微企业的直接负责人——个体工商户缺乏相关税收优惠配套政策。根据我国现行税法规定，小微企业的个体工商户不缴纳企业所得税，而应缴纳个人所得税。如果能对小微企业的个体工商户配套实施相关税收优惠政策，将对小微企业的发展产生较大的推动作用。

第 5 章

我国小微企业所得税优惠政策执行情况调查分析

——以江西省为例

为了更加全面具体地分析目前小微企业的所得税优惠政策执行情况，本书联合江西省地方税务局，采用问卷调查方式对小微企业所得税优惠政策的执行情况展开分析。笔者负责设计调查问卷，江西省地方税务局负责在小微企业数量多且分布比较集中的南昌市各个县区进行发放，共回收有效问卷 700 份，其中南昌市青山湖区 440 份，南昌市东湖区 160 份，南昌市经开区 100 份。经过对问卷的统计后得出样本企业有以下特点：①在企业分布行业上，小微企业分布面广、类型多，但主要集中在建筑业和其他行业中，建筑企业占比 45.1%、其他行业占比 37.7%，合计占比 82.8%；其他分布在批发业、零售业、工业企业、林牧渔业、文体娱乐业、餐饮和住宿业。这些行业的共同特点是技术含量不高、位于产业链的最低端、进入门槛低、多为传统的劳动密集型产业。②在企业职工人数上，职工人数最少（5 人以下）的企业有 412 家，职工人数最多（50 人以上）的企业有 16 家。③在对企业的税收征管方式上，324 家企业适用查账征收，376 家企业适用核定征收。④在企业的经营状况上，调查中了解到有 244 家企业处于盈利状态，88 家企业经营状况持平，两者合计占比 47.4%，368 家企业处于亏损状态，占比 52.6%。这表明存在相当一部分亏损的小微企业，小微企业当前发展形势不容乐观。⑤在企业总体税收负担水平上，认为当前税负比较轻的小微企业只有 64 家，认为税负非常轻的小微企业 65 家，换句话说，在调查中有 81.6% 的小微企业对当前的企业总体税负是不满意的。问卷都由小微企业财务人员填写，具有客观性；调查中的样本企业包含各个行业，基本涉及江西省现有各个行业的小微企业，具有代表性；调查内容较为广泛，能基本反映出当前小微企业所得税优惠政策的执行情况，具有全面性。

5.1 江西省小微企业所得税优惠政策执行情况分析

5.1.1 小微企业对所得税优惠政策都大致知悉，了解的渠道多种多样

企业所得税优惠政策实施的好坏对小微企业有直接的影响，因而调查小微企业对所得税优惠政策的了解情况就显得尤为必要。经统计，在被调查的700家小微企业当中，对所得税优惠政策比较不了解的有68家，非常不了解的有76家，合计占比20.6%；而非常了解的有72家，占比10.3%；比较了解的有480家，占比68.6%；对优惠政策了解一般的有4家，占比0.5%。从数据上可以看出，大部分小微企业对所得税优惠政策相关的知识有一定的了解，但是也看到还是存在部分企业几乎不了解所得税优惠政策的情况。通过进一步的设定问题，我们发现目前小微企业了解所得税优惠政策的渠道主要集中在互联网和税务机关宣传辅导上，这表明我国税务机关在所得税优惠政策的宣传上发挥了一定的作用，同时随着网络信息化，小微企业越来越多地依赖于互联网来了解税收方面的政策。数据显示，有72.6%的小微企业是通过税务机关了解所得税优惠政策的，46%的小微企业通过税务机关宣传辅导了解所得税优惠政策，31.4%通过同行或朋友了解所得税优惠政策，17.1%通过税务机关网站了解税收政策。其他渠道还包括广播电视、报刊等。我国小微企业对所得税优惠政策的了解渠道还是较为多样的（见表5-1）。

表5-1　　小微企业了解所得税优惠政策的渠道

渠道	频数（个）	频率（%）
广播电视	36	5.1
互联网	508	72.6
报刊	52	7.4

续表

渠道	频数（个）	频率（%）
税务机关宣传辅导	252	46
同行或朋友	220	31.4
税务机关网站	120	17.1
其他	28	4

小微企业解决疑难问题的渠道也是多样化的，但是总体而言，事务所、咨询机构等中介机构占大部分，高达 60%，其次是通过税务大厅咨询的，占 17.1%。随着市场经济的发展，分工将越来越细，纳税服务专业化、社会化程度也在不断提高，同时由于代理机构人员具备较强的专业素质，纳税人不但从中获得了方便，而且避免了许多因为不了解税收政策和纳税程序、计算失误等所造成的违法行为，最大限度保障了纳税人的权益。当然我们也要看到税务大厅咨询和通过 12366 咨询的合计占比 25.7%，这既反映出税务机关的重要性，也说明税务机关的负担很重。未来应该要逐步形成各种解决渠道都发挥重要作用的局面，这样既能提高解决疑难问题的效率，也能减轻税务部门的压力（见表 5－2）。

表 5－2　　　　小微企业解决所得税疑难问题的渠道

解决渠道	频数（个）	频率（%）
税务大厅咨询	120	17.1
通过 12366 咨询	60	8.6
自己查询资料	80	11.4
网上提问	124	15.5
事务所、咨询公司等中介机构	420	60
其他	36	5.1

5.1.2　小微企业所得税优惠政策得到小微企业的重视，但受惠面尚不普及，受惠方式也较为单一

在填写问卷的 700 家小微企业中有 692 家企业认为针对小微企业的所得税优惠政策有必要，说明大部分小微企业比较看重所得税优惠政策，但并不是所

有的小微企业都享受到了优惠政策，我们通过设计问题：近两年是否享受了小微企业所得税优惠政策？如未享受，主要原因是什么？发现有 140 家表示没有享受所得税优惠政策，原因包括限定条件过于严格、享受程序太繁杂、不知道有该项所得税优惠政策等（见表 5－3）。

表 5－3　　小微企业未能享受所得税优惠政策的原因

所得税优惠政策类型	频数（个）	频率（%）
限定条件过于严格	100	71.4
享受程序太复杂	16	11.4
不知道有该项税收政策	16	11.4
财务核算不健全	4	2.9
优惠力度太小，没有申请	32	22.8
税务人员对政策解释不清	32	22.8
其他	0	0

从表 5－3 中我们可以看到，在未享受到优惠政策的 140 家小微企业中有 71.4% 的企业认为主要原因是限定条件过于严格，说明目前对享受所得税优惠政策的要求较高，有一部分的小微企业因为自身不符合优惠政策的条件而被排除在外，希望政府适当地放低享受优惠政策的门槛，以利于更多的小微企业能够享受到优惠政策。有 11.4% 的企业认为享受程序太复杂，目前对优惠政策多采取审批制，效率较低，这极大地影响了政策效应。此外，在未享受到优惠政策的 140 家企业中有 11.4% 的企业表示不知道有该项税收政策。反映出一方面小微企业在税收方面的人才较少，对税收政策了解程度不高；另一方面税务部门对税收政策的宣传有待提高。通过进一步调查发现，560 家小微企业享受到了优惠政策，占比 80%，说明税收优惠政策的覆盖面还是比较广的，但却存在享受的优惠方式过于单一的问题，企业享受的所得税优惠政策类型如表 5－4 所示。

表 5－4　　小微企业享受的所得税优惠政策类型

所得税优惠政策类型	频数（个）	频率（%）
研发费用加计扣除 50%	16	2.9

续表

所得税优惠政策类型	频数（个）	频率（%）
高新技术企业所得税优惠	4	0.73
20% 的企业所得税低税率	84	15
减半征收企业所得税		97.1
从事农、林、牧、渔业项目的所得减免税额	0	
固定资产加速折旧	4	2.9
其他		

在小微企业所得税优惠政策中既包括对小微企业特定税收优惠政策（20% 的企业所得税低税率、减半征收企业所得税、加速折旧等），也包括非特定的税收优惠政策：研发费用加计扣除、高新技术企业所得税优惠等政策。从表 5 -4 中我们可以看到，15% 的小微企业表示享受了 20% 的企业所得税低税率，97.1% 享受了减半征收企业所得税，这两项是最为常见的针对小微企业的个性化税收优惠政策，而研发费用加计扣除、加速折旧、高新技术企业所得税优惠等只占了很小的一部分，研发费用加计扣除政策只有 16 家企业享受到，加速折旧和高新技术企业所得税优惠政策也仅仅各有 4 家企业享受到。在对企业提问哪项所得税优惠政策的帮助最大时发现，企业认为帮助最大的前三个政策分别是减半征收企业所得税、20% 的企业所得税低税率和高新技术企业所得税优惠，这三项也是小微企业主要享受的税收优惠政策类型，反映出税收政策在研发方面的优惠力度不够，特别是研发费用加计扣除。研发由于周期长，初期效果不明显，许多小微企业不愿意将资金投入其中，但研发事关企业创新能力，江西省小微企业要走长远发展道路就一定要提高企业自主创新能力，近年来政府也相继出台了多项促进小微企业创新的税收政策，但通过此次调查我们不难发现，小微企业对研发费用加计扣除的所得税优惠政策感受不深，不认为该政策对本企业有较大的帮助，再加上研发费用加计扣除的税收政策门槛较高，导致享受到研发费用加计扣除的小微企业很少。

5.1.3 所得税优惠政策给小微企业发展带来诸多帮助，小微企业对所得税优惠政策评价较高

国家通过制定税收优惠政策对小微企业的发展进行政策倾斜支持，可以减

轻企业的税收负担，对小微企业自身而言，享受税收优惠政策能间接增加企业的盈利。另外，通过问卷调查，我们发现所得税优惠政策对小微企业的作用排前三位的分别是降低税负、企业利润上升、融资情况得到改善（见表5-5）。

表5-5　　所得税优惠政策给小微企业带来的帮助

具体作用	频数（个）	频率（%）
降低税负	168	24
增加研发的成果	4	0.6
融资情况得到改善	32	4.6
企业利润上升	84	12
企业规模扩大	24	3.4
企业结构更加合理	28	4
提高企业市场竞争力	0	0

从表5-5中我们可以看到，168家小微企业认为所得税优惠政策可以起到降低税负的作用，占比24%；84家小微企业认为所得税优惠政策可以使企业利润上升，占比12%；我们还能看到有32家小微企业认为所得税优惠政策能够改善融资情况，主要是通过在小微企业初创期加大对其风险投资方面的税收优惠，投资者可从小微企业中获得更多的投资收益从而进行更多的投资，形成良好的产业循环。28家小微企业认为所得税优惠能够提高企业市场竞争力，所得税优惠政策通过给予小微企业特定的税收优惠，使其相对于其他企业获得比较优势，从而间接提高企业的市场竞争力。

所得税优惠政策对小微企业税负的减轻效果显著，然而并不能只依靠所得税优惠政策来降低企业税负。在我们调查的700家企业当中有8家企业表示税收负担“非常重”，348家企业表示税负比较重，两者合计占比50.9%（见表5-6）。

表5-6　　企业总体税收负担水平

税负程度	频数（个）	频率（%）
非常重	8	1.1
比较重	348	49.8
一般	216	30.9
比较轻	64	9.1
非常轻	64	9.1

表 5－6 的数据反映出不能过分高估所得税优惠政策在减轻税负方面的作用，有相当一部分小微企业表示在享受了所得税优惠政策后税负仍然很重，小微企业的税负不仅受所得税优惠政策的影响，还受企业组织结构等因素的影响。

小微企业作为所得税优惠政策作用的主体，对这些优惠政策的满意度如何呢？在被调查的 700 家小微企业当中，有 124 家表示非常满意，占比 17.7%；有 376 家表示比较满意，占比 53.7%；有 176 家表示一般，占比 25.1%；比较不满意和非常不满意只占了 3.5% 左右。这说明目前小微企业对所得税优惠政策的满意度还是比较高的，这主要得益于政府近年来加大对小微企业的税收政策扶持和税务机关的大力宣传。

5.1.4　小微企业所得税优惠政策还存在诸多不足，有待于完善

前面我们已经研究了小微企业所得税优惠政策对小微企业发展所起到的帮助，但我们也不能忽视其存在的不足和问题，我国的小微企业所得税优惠政策还处于初期，一些政策和措施还不够完善，主要问题如表 5－7 所示。

表 5－7　　所得税优惠政策存在的主要问题

不足之处	频数（个）	频率（%）
政策针对性不强	276	39.4
享受政策的门槛较高	100	14.2
优惠政策缺乏长效	108	15.4
优惠政策过于单一	88	12.6
纳税人了解税收优惠政策信息的渠道较少	392	56
优惠力度太小	164	23.4
其他	72	10.3

根据表 5－7 中数据，我们可以看到，有 56% 的企业认为纳税人了解税收优惠政策信息的渠道较少；39.4% 的企业认为目前的所得税优惠政策针对性不强；23.4% 的企业认为税收优惠力度太小；15.4% 的企业认为优惠政策缺乏长效性；14.2% 的企业认为享受政策的门槛较高；12.6% 的企业认为优惠政策过于单一。

5.2 小微企业所得税优惠政策执行效果的满意度分析

小微企业所得税优惠政策的效果首先取决于该政策的执行现状，即政策是否能够按照其预期的目标行进。而小微企业作为政策的主观感受者，其对政策的满意度是最直接的体现。

5.2.1 模型设定

本书重点就在于研究税收优惠政策对小微企业的影响，所以了解该政策的执行过程至关重要，而小微企业作为政策的主观感受者，其对执行情况的满意度是评价政策执行过程进展的适宜标准。因而，本书将进一步运用现代计量模型对此类影响因素进行实证分析。本书采用李克特五分量法刻画小微企业实施税收优惠政策后的满意程度，并将“非常满意”赋值为1，“比较满意”赋值为2，“一般”赋值为3，“比较不满意”赋值为4，“非常不满意”赋值为5。但由于现实状况下，小微企业纳税人对于“满意”和“不满意”中的程度副词区分得不是很清楚，且在实际调查中发现，选择“非常不满意”和“比较不满意”的小微企业占比为少数，因而本书把“非常满意”“比较满意”赋值为“1”，将“一般”“比较不满意”和“非常不满意”赋值为“0”。最后，本书将小微企业对优惠政策的满意度视为被解释变量，它是一个二元离散型随机变量。同时，考虑到政策执行过程中小微企业满意程度会受多种因素影响，所以列出9大因素作为解释变量，来分析其对被解释变量的影响程度。模型变量及其基本特征如表5-8所示。

表5-8　模型变量及其基本特征

变量名	变量定义	最小值	最大值	均值
被解释变量：企业满意度（Y）	满意，则 Y=1；不满意，则 Y=0			
解释变量				
企业所属行业（X_1）	建筑业，则 $X_1=1$；其他，则 $X_1=0$	0	1	0.451
企业职工人数（X_2）	0—5人，则 $X_2=1$；5—50人，则 $X_2=0$	0	1	0.589

续表

变量名	变量定义	最小值	最大值	均值
经营状况（X_3）	盈利，则 $X_3=1$；其他，则 $X_3=0$	0	1	0.369
征管方式（X_4）	查账征收，则 $X_4=1$；核定征收，则 $X_4=0$	0	1	0.463
税负负担水平（X_5）	重，则 $X_5=1$；不重，则 $X_5=0$	0	1	0.509
政策了解程度（X_6）	了解，则 $X_6=1$；不了解，则 $X_6=0$	0	1	0.789
是否享受优惠政策（X_7）	是，则 $X_7=1$；不是，则 $X_7=0$	0	1	0.800
企业所得税的优惠方式（X_8）	20%低税率，则 $X_8=1$；减半征收，则 $X_8=0$	0	1	0.150
税负与非税负哪个更重（X_9）	税负重，则 $X_9=1$；其他，则 $X_9=0$	0	1	0.5311

5.2.2　实证结果

Logit 模型是解决二元离散选择问题较为常见的模型，被广泛应用于分析增长现象。本文运用 Eviews7.2 软件和 Logit 模型进行估测实证，得到以下回归结果（见表 5-9）。

表 5-9　　Logit 模型及其结果

变量	系数	P 值
C		
X_1	-1.17	0.018
X_2	0.252	0.472
X_3	1.435	0.007
X_4	0.644	0.057
X_5	-0.627	0.063
X_6	0.774	0.034
X_7	0.536	0.221
X_8	-0.473	0.178
X_9	-0.004	0.525
观测值数	700	

根据表 5-9 分析出的结果，可得出以下结论：

（1）X_1 的系数为负，且统计上显著。表示南昌市其他行业的满意程度比建筑业更高。原因是在进行实地考察中发现，南昌市的绝大多数小微企业都是建筑业，形成了小微建筑业泛滥的局面，但市场又并不完善，产业发展也不成熟，所以反而没有形成良好的竞争局面。再加上“营改增”对建筑业造成一定的冲击，建筑业正处于税收转型和适应过程中，在进项抵扣方面存在较大的问题，可能会导致短时期内税负不降反升的局面，因而在一定程度上影响了优惠政策的满意度。

（2）X_2 的系数为正，但在统计上很不显著。表明企业的职工人数并不影响企业的满意度。即只要在小微企业的限定范围内，职工数的多少对企业的满意度不造成什么影响。主要是因为小微企业在享受税收优惠政策的范围之内，人数的变化不会改变其享受税收政策的力度，至多就会影响企业的管理成本和劳动成本，所以企业对政策执行的满意度不怎么受企业职工人数的影响。

（3）X_3 的系数为正，并且统计上非常显著。意味着盈利企业相对于其他企业的满意度更高。主要是因为现行税收优惠政策中的 20% 低税率和减半征收等有关企业所得税优惠政策只有盈利企业才能享受，而亏损企业是无法享受到上述优惠政策的。且亏损企业也没有因其经营受阻而得到一定的政府补贴，因而税收优惠政策并没有对亏损企业产生实质性的影响。亏损企业可能会因为周围盈利企业享受到优惠而自己被排除在外产生不公平感，导致满意度偏低。

（4）X_4 的系数为正，并且统计上显著。表明与实行核定征收的小微企业相比，实行查账征收的小微企业满意程度更高。因为核定征收的小微企业开始并没有在税收优惠政策享受的范围之内，只有查账征收的小微企业真正享受到了税收优惠。虽然 2014 年后，将核定征收的企业纳入税收优惠政策享受范围内，但核定征收的企业仍然会因为账目不清晰、企业过小等原因仍被拒之门外，能够享受到该优惠的核定征收企业仍是少部分。

（5）X_5 的系数为负，统计上不算显著。表明与税负感更重的小微企业相比，税负感更轻的小微企业对政策的满意度更高。其原因是税负感更轻的小微企业对于政策适度的宽免就会产生较大的影响，能适时地改变企业现状，而对于税负较重的小微企业而言，目前的优惠政策对它们的影响并不大，即优惠力度仍然是不够的，并不能很好地促进其发展。

（6）X_6 的系数为正，且统计上较为显著。意味着小微企业对优惠政策了解得越多，对政策执行的满意度越高。其原因是对政策更加了解的小微企业可能更为关注这方面信息，也会尽可能地去创造条件使企业符合享受政策的条件，也越容易意识到这些优惠政策能为企业带来的好处。此外，对优惠政策了解程度越高的小微企业，主观上更乐意相信税收优惠政策能给企业发展带来帮助，因而其满意度也会更高。

（7）X_7 的系数为正，但显著性并不是很高。表明实际享受过税收优惠政策的小微企业的满意度更高。主要是因为实际享受过优惠政策的小微企业能切实感受到政策带来的好处，表明政策在执行过程中真正改善了小微企业的状况，起到了一定的作用，使得小微企业的主观满意度得到提升，也会进一步增加企业创造的动力和生命力。

（8）X_8 的系数为负，且统计上较为显著。小微企业认为实行减半征收比 20% 所得税低税率的优惠政策带来的满意度更高。其主要原因可能是大部分小微企业都满足减半征收的条件，而减半征收对小微企业的影响更大，减少的税负更多，从而满意度更高。并且调查发现 79.4% 的企业都享受了减半征收，而享受 20% 所得税低税率政策的企业并不多，所以从落实角度出发，减半征收的落实度也更高。

（9）X_9 的系数为负，不过统计上较不显著。认为非税负更重的小微企业比认为税负更重的小微企业满意度更高，这个结果可能与预期想法有些出入。其原因可能是在现阶段阻碍小微企业发展的主要原因并不是税负问题，而是其他支出过高、融资困难等原因，而减轻税负可能只是解决它们的次要问题，并不能直接促进企业的发展，反而是税负重的企业，即将税负看成企业首要问题的企业，对税收优惠政策的执行满意度更高。

第 6 章

我国小微企业所得税优惠政策的效应分析
——以江西省为例

第 5 章通过问卷调查方法，对小微企业所得税优惠政策的执行情况与问题进行了深刻分析，本章节将在此基础上，利用江西省地方税务局提供的2014—2015 年大样本微观调查数据，进一步分析所得税优惠政策对小微企业绩效的影响，以期为相关政策研究提供一定的经验证据。

6.1 江西省小微企业的所得税优惠现状与差异分析

6.1.1 数据来源与说明

为对江西省小微企业所得税优惠的现状、差异与效应进行分析，就需要大样本的微观数据作为支撑。因此，本书采用来源于江西省地方税务局的微观样本数据。需要说明的是，鉴于时效性与数据可获得性，我们主要采用了 2014 年和 2015 年的相关数据。其中，2014 年有 9298 个样本，2015 年有 11196 个样本，合计 20494 个样本。本书的样本数据囊括了除国际组织之外的所有 19 个国民经济大类行业，也覆盖了江西省全部的 11 个地级市①，因此，本书所采用的数据具有较强的代表性，能够全面、客观地反映江西省小微企业的基本

① 11 个地级市分别为：南昌市、九江市、上饶市、抚州市、宜春市、吉安市、赣州市、景德镇市、萍乡市、新余市、鹰潭市。

情况。样本量分布图如图6－1所示。

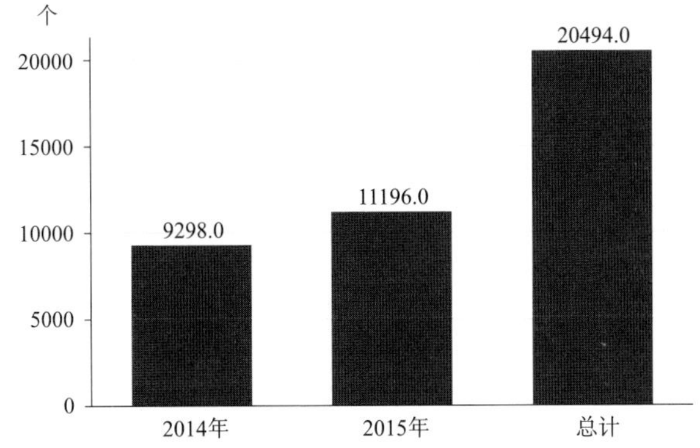

图6－1　样本量分布图

需要说明的是，部分小微企业所得税优惠额变量的值缺失，其中，2014年缺失758个，2015年缺失315个。为了充分利用相关样本信息，本书将缺失值的数据填补为0。当然，在后面的稳健性分析中，我们将考虑这一处理方式对相关实证结果的影响。

6.1.2　江西省小微企业所得税优惠的现状分析

所得税优惠额度是小微企业享受所得税优惠政策的最直接体现。根据江西省地方税务局提供的数据，我们对2014—2015年江西省小微企业所得税优惠额度进行了统计分析，具体结果如表6－1所示。由表6－1可以看出，在所有样本企业中，两个年度的优惠额均值为5295元，其中，2014年的均值为3443元，2015年的均值为6834元，换言之，2015年的优惠额均值为2014年度的约2倍，在一年内增长了1倍。当然，小微企业所得税优惠额之所以能够增长得如此之快，与我国在2015年加大对小微企业的税收优惠政策是密切相关的①。另

① 财税〔2014〕34号文件通知如下：自2014年1月1日至2016年12月31日，对年应纳税所得额低于10万元（含10万元）的小型微利企业，其所得减按50%计入应纳税所得额，按20%的税率缴纳企业所得税；财税〔2015〕34号文件则调整如下：自2015年1月1日至2017年12月31日，对年应纳税所得额低于20万元（含20万元）的小型微利企业，其所得减按50%计入应纳税所得额，按20%的税率缴纳企业所得税；财税〔2015〕994号文件则进一步扩大了小微企业所得税优惠政策范围：自2015年10月1日起至2017年12月31日，对年应纳税所得额在20万元到30万元（含30万元）之间的小型微利企业，其所得减按50%计入应纳税所得额，按20%的税率缴纳企业所得税。

外，对比中位数与均值可以发现，优惠额度的中位数显著低于均值水平，这表明不同小微企业之间所获得的优惠额度存在较大差异。这一差异也反映在较大的标准差值方面。

表 6－1　　2014—2015 年江西省小微企业所得税优惠额统计情况　　单位：元

年份	样本量	均值	最小值	最大值	中位数	标准差
2014	9298	3443	0	15000	1449	4177
2015	11196	6834	0	37500	3517	7784
合计	20494	5295	0	37500	2496	6623

那么，小微企业所得税优惠额度水平的分布如何呢？根据样本数据，本书进一步对江西省小微企业所得税优惠额度的阶段分布进行了分析，统计结果如表 6－2 所示。采用样本四分法的统计结果显示，在本书的研究样本中，有 5409 家小微企业的所得税优惠额在 0—500 元，它们近两年平均获得的优惠额度均值为 110 元；有 4849 家小微企业的所得税优惠额在 501—2500 元，它们平均获得的优惠额度为 1328 元；有 5284 家小微企业的所得税优惠额在 2501—8000 元，它们平均获得的优惠额度为 4930 元；有 4952 家小微企业的所得税优惠额在 8001—37500 元，它们平均获得的优惠额度高达 15234 元。不难发现，小微企业所得税优惠额度最高的 25% 部分，其所得税优惠额均值分别为最低 25% 部分小微企业均值的 138 倍多、第二分段区间均值的 11 倍多、第三分段区间均值的 3 倍多，这表明，小微企业获得所得税优惠额度存在较大的差异性。

表 6－2　　2014—2015 年江西省小微企业所得税优惠额分组分布情况　　单位：元

分段区间	样本量	均值	最小值	最大值	中位数	标准差
[0，500]	5409	110.6	0	498	0	149.2
[501，2500]	4849	1328	500.8	2500	1255	566.3
[2501，8000]	5284	4930	2502	7997	4800	1576
[8001，37500]	4952	15234	8002	37500	13834	5904

6.1.3　江西省小微企业所得税优惠的差异分析

如前面所述，不同小微企业所享受的所得税优惠额度存在明显的差异性。

那么，这种差异性主要体现在哪些方面呢？为回答这一问题，本书进一步对江西省小微企业所得税优惠的差异进行分析。一般而言，小微企业获得的税收优惠额度与其资产规模、所属行业与征收方式等密切相关，因此，本书将对不同规模状况、不同行业与不同征收方式的小微企业所得税优惠额的差异进行分析。

首先，本书采用样本四分法，对小微企业的资产总额进行了分段，进而分析不同资产总额小微企业的所得税优惠额度及其差异。表 6－3 的统计分析结果表明，总体而言，小微企业享受的所得税优惠额度与其资产规模状况正向相关，即资产规模越大，所享受的税收优惠额度越大。具体而言，资产总额小于 20 万元的小微企业所享受的税收优惠额占总优惠额 18.81%，而资产总额处于 21 万—60 万元、61 万—210 万元、大于 210 万元区间的税收优惠额占总优惠额的比例分别为 22.79%、29.10% 与 29.30%。因此，总体而言，所得税优惠额度在不同规模小微企业之间存在明显差异，但有趣的是，这种差异在资产总额达 61 万元以上的小微企业之间并不是很明显。

表 6－3　江西省小微企业所得税优惠额在不同资产规模之间的差异

资产总额分段区间（万元）	优惠额均值（元）	最小值（元）	最大值（元）	阶段优惠额占比（%）
[0，20]	3984	0	30000	18.81
[21，60]	4827	0	30000	22.79
[61，210]	6163	0	37500	29.10
>210	6313	0	30000	29.30

其次，本书根据国家统计局规定的国民经济行业分类标准，对样本企业进行了归类整理。本书的样本数据囊括了除国际组织之外的所有 19 个行业，具体样本分布情况如图 6－2 所示。根据图 6－2，建筑业、居民服务、修理和其他服务业、租赁和商务服务业等行业的小微企业数量较多，它们的占比都在 18% 以上；而采矿业、农、林、牧、渔业、卫生和社会工作等行业的小微企业数量则相对较少。

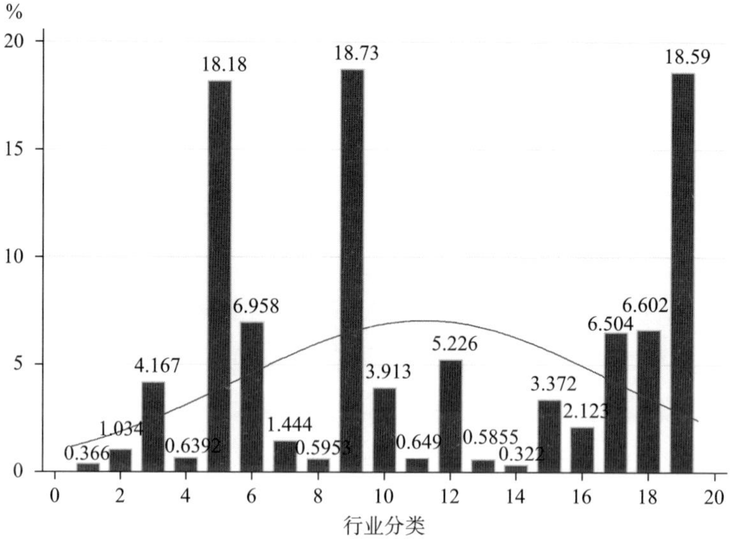

图6-2　行业样本分布情况

注：1代表采矿业；2代表电力、热力、燃气及水产业和供应业；3代表房地产业；4代表公共管理、社会保障和社会组织；5代表建筑业；6代表交通运输、仓储和邮政业；7代表教育；8代表金融业；9代表居民服务、修理和其他服务业；10代表科学研究和技术服务业；11代表农、林、牧、渔业；12代表批发和零售业；13代表水利、环境和公共设施管理业；14代表卫生和社会工作；15代表文化、体育和娱乐业；16代表信息传输、软件和信息技术服务业；17代表制造业；18代表住宿和餐饮业；19代表租赁和商务服务业。

表6-4给出了江西省小微企业所得税优惠额在不同行业之间的差异性统计结果。不难发现，所得税优惠额在不同行业之间存在较大的差异性。平均而言，电力、热力、燃气，住宿和餐饮业等行业所享受的优惠额度较大，它们的行业优惠额均值分别为总体均值的140.11%与140.25%；而批发和零售，农、林、牧、渔业，租赁与商业服务业等行业所享受的优惠额度最低，它们的行业优惠额均值分别为总体均值的69.25%、79.36%与83.31%。由此可见，所得税优惠额度在不同行业之间存在显著差异。

最后，根据征收方式的差异，本书将小微企业分为查账征收企业与核定征收企业，并对它们之间的所得税优惠额差异进行了统计分析，结果如表6-5所示。统计结果显示，平均而言，核定征收类小微企业所享受的优惠额度显著高于查账征收类的小微企业。其中，核定征收类小微企业所享受的优惠额均值

表6-4　　江西省小微企业所得税优惠额在不同行业之间的差异

行业	样本量（个）	最小值（元）	最大值（元）	均值（元）	行业均值占总体均值的比例（%）
采矿业	75	0	30000	6709	126.70
电力、热力、燃气及水产业和供应业	212	0	29985	7419	140.11
房地产业	854	0	29992	5000	94.43
公共管理、社会保障和社会组织	131	0	27685	5827	110.05
建筑业	3726	0	37323	6116	115.51
交通运输、仓储和邮政业	1426	0	30000	5753	108.65
教育	296	0	29733	5341	100.87
金融业	122	0	30000	5272	99.57
居民服务、修理和其他服务业	3838	0	37500	4967	93.81
科学研究和技术服务业	802	0	29983	6689	126.33
农、林、牧、渔业	133	0	29275	4202	79.36
批发和零售业	1071	0	30000	3667	69.25
水利、环境和公共设施管理业	120	0	29988	5578	105.34
卫生和社会工作	66	0	23631	4795	90.56
文化、体育和娱乐业	691	0	29880	4718	89.10
信息传输、软件和信息技术服务业	435	0	30000	4642	87.67
制造业	1333	0	29999	4626	87.37
住宿和餐饮业	1353	0	30000	7426	140.25
租赁和商务服务业	3810	0	30000	4411	83.31
总体	20494	0	37500	5295	100.00

占总体均值的108.54%，查账征收类小微企业所享受的优惠额均值占总体均值的85.85%。可见，不同征收方式的小微企业在所得税优惠额度之间存在明显差异。

表6-5　　江西省小微企业所得税优惠额在查账征收企业与核定征收企业之间的差异

征收方式	样本量（个）	最小值（元）	最大值（元）	均值（元）	占总体均值的比例（%）
核定征收	12787	0	37500	5747	108.54
查账征收	7707	0	30000	4546	85.85
总体	20494	0	37500	5295	100.00

根据对江西省2014—2015年微观样本数据的统计分析，我们发现，小微企业所得税优惠额不仅在不同年份存在明显差异，而且在不同资产规模、行业与征收方式之间存在显著差异。

6.2 小微企业所得税优惠政策的效应分析——基于江西省企业数据的经验分析

6.2.1 计量模型

为实证考察所得税优惠政策对小微企业所产生的效应，本书构建如下具体的计量模型：

$$Y_i = \beta_0 + \beta_1 D_i + \varphi X + \mu_i \tag{6.1}$$

其中，Y_i 被解释变量是衡量小微企业绩效的指标，本书主要从应纳税所得额、从业人数、资产总额等三个方面加以表征，并取相应数值的对数形式；D_i 是衡量小微企业享受所得税优惠状况的指标，为一个虚拟变量，即当年享受的所得税优惠额，大于0则表明该企业享受到了税收优惠，赋值为1，等于0则表明未享受到税收优惠，赋值为0；X 为影响被解释的主要控制变量，包括行业、地区与年份效应等；μ_i 为随机干扰项。

为进一步实证考察所得税优惠额度对小微企业所产生的效应，本书构建如下具体的计量模型：

$$Y_i = \beta_0 + \beta_1 S_i + \varphi X + \mu_i \tag{6.2}$$

其中，Y_i 被解释变量是衡量小微企业绩效的指标，取相应数值的对数形式；S_i 是衡量小微企业所得税优惠额度的指标，取相应数值的对数形式；X 为影响被解释的主要控制变量，包括行业、地区与年份效应等；μ_i 为随机干扰项。

6.2.2 变量定义与描述

本书的被解释变量为衡量小微企业绩效的指标，囿于数据的可获得性，主要从应纳税所得额、平均从业人数、平均资产总额等方面进行衡量，具体定义如表6－6所示。本书关注的解释变量为所得税优惠政策，分别从是否享受所得税优惠政策与所享受优惠的额度两个维度进行衡量，具体定义如表6－6所示。此外，为减轻因遗漏变量而导致的估计偏差，本书进一步控制了征收方式、行业、地区等相关变量。需要说明的是，在具体的回归过程中，我们将行业、地区变量转换为虚拟变量，从而有效地控制行业效应与地区效应。此外，鉴于本书数据涵盖了2014年与2015年数据，因此，在回归过程中，我们进一步控制了时间效应。

表6－6　　　　变量定义

变量名称	定义
所得税优惠状况	虚拟变量：所得税优惠额大于0的企业赋值为1，其他为0
所得税优惠额度	小型微利企业所享受到的税收优惠额，取ln（1＋优惠额度）形式（元）
应纳税所得额	企业当年的应纳税所得额，取对数形式（元）
从业人数	企业当年的平均从业人数，取对数形式
资产总额	企业当年的平均资产总额，取对数形式（万元）
征收方式	虚拟变量：采用查账征收方式的企业赋值为1，核定征收方式的企业赋值为0
行业	根据国家统计局的国民经济行业分类标准进行划分，由数值1—19表征
地区	小微企业所属地级市，由数值1—12表征

注：按照国民经济行业分类标准，共有20大行业，但本数据样本不包含国际组织行业，因此为19个行业；按照江西省行政划分标准，共有11个地级市，但按照江西省地税局的划分标准，除11个地市级外，还包括省地税直属分局，因此所属地区共包括12个。

从表6－7的描述性统计结果可以发现，在研究样本中，大约有87%的小微企业享受了所得税优惠。在享受了所得税优惠的小微企业中，所得税优惠额的均值为5395元，但最大值高达37500元。类似地，样本中的小微企业在应纳税所得额、从业人数、资产总额等方面亦存在明显差异。此外，我们还发现，大约有38%的小微企业采取的是核定征收的方式，而另外62%的小微企业采取的是查账征收的方式。

6.2.3　实证结果与讨论

在计量回归前，本书对变量之间的相关性进行了分析，结果如表6－8所示。我们发现，所得税优惠状况与所得税优惠额度均与衡量小微企业绩效的变

表 6－7　　主要变量的描述性统计

变量名称	观测值	最小值	最大值	均值	中位数	标准差
所得税优惠状况	20494	0	1	0.87	1	0.34
所得税优惠额度（对数形式）	20494	0	10.53	6.83	7.82	3.06
所得税优惠额度	20494	0	37500	5295	2496	6623
应纳税所得额（对数形式）	20494	0.01	12.61	9.85	10.08	1.76
应纳税所得额	20494	0.01	300000	52311	23977	66423
从业人数（对数形式）	20494	0	9.13	2.13	1.95	0.84
从业人数	20494	0	9227	12.13	6	66.24
资产总额（对数形式）	20494	0	18.42	4.34	4.11	2.26
资产总额	20494	0	100000000	75081	60	1400000
征收方式	20494	0	1	0.38	0	0.48
行业	20494	1	19	11.22	9	5.67
地区	20494	1	12	6.48	7	3.23

量在5%的水平上显著，其中，所得税优惠状况与应纳税所得额、从业人数正向相关，但与资产总额负向相关；所得税优惠额度与应纳税所得额、从业人数、资产总额的相关系数均为负数，但与应纳税所得额的相关性未能在5%的水平上显著。

表 6－8　　变量相关系数表

变量名称	1	2	3	4	5	6
所得税优惠状况	1					
所得税优惠额度	0.8701*	1				
应纳税所得额	0.4448*	－0.0009	1			
从业人数	0.0217*	－0.1224*	0.2990*	1		
资产总额	－0.2366*	－0.3524*	0.1441*	0.2703*	1	
征收方式	－0.1246*	－0.0873*	－0.0811*	0.1556*	0.0317*	1

注：* 表示在5%的水平上显著。

此外，为了更加直观地了解被解释变量与核心解释变量之间的关系，本书进一步绘制了变量之间的关系散点图（见图6－3）。图6－3显示，小微企业的所得税优惠额与其应纳税总额、平均从业人数呈现正向相关关系，但与其资产总额呈现负向相关关系。

然而，需要说明的是，上述的变量相关系数与关系散点图仅是对相关性的一个初步考察，即是在未控制其他变量情形下的简单分析，并不能揭示出变量之间的真实关系，变量之间的真实影响关系需要通过计量回归给出。

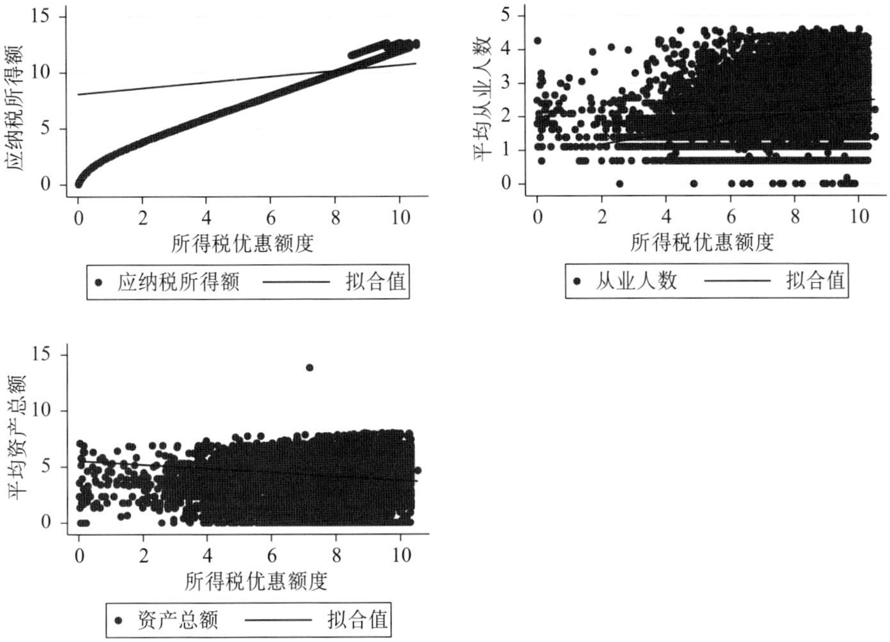

图6－3　关系散点图

遵照前面设定的计量模型，为揭示所得税优惠政策对小微企业的效应，本书采用标准的计量分析方法，借助 STATA 统计软件，对变量之间的相关性进行估计，相关结果如表6－9与表6－10所示。

表6－9给出的是所得税优惠状况对小微企业绩效的影响结果。其中，模型（1）与模型（2）是应纳税所得额对所得税优惠状况的回归结果，模型（3）与模型（4）是平均从业人数对所得税优惠状况的回归结果，模型（5）与模型（6）是平均资产规模对所得税优惠状况的回归结果。模型（1）、模型（3）、模型（5）是简单的二元回归，模型（2）、模型（4）、模型（6）是在模型（1）、模型（3）、模型（5）基础上控制相关变量的多元回归。

回归结果显示，小微企业的所得税优惠状况对应纳税所得额的影响系数为负数，但未能通过10%水平的显著性检验。然而，所得税优惠状况对小微企业的平均从业人数与平均资产总额的影响系数为正数，而且十分显著。具体而言，模型（4）与模型（6）的回归结果表明，平均而言，与未享受所得税优惠的小微企业相比，享受了所得税优惠的小微企业的平均从业人数与平均资产规模更大。因此，所得税优惠政策在一定程度上促进了企业规模的发展与就业人数的增加。

此外，在控制变量中，我们发现，在影响小微企业绩效的变量中，地区变量、行业变量与年份变量十分显著，这表明小微企业绩效存在显著的地区差异、行业差异与年份差异。

表6-9　　所得税优惠状况的影响效应回归结果

解释变量	应纳税所得额		平均从业人数		平均资产总额	
	（1）	（2）	（3）	（4）	（5）	（6）
享受所得税优惠	-0.01 （0.04）	-0.02 （0.04）	0.30*** （0.02）	0.18*** （0.02）	2.35*** （0.08）	2.22*** （0.08）
征收方式		-0.17*** （0.03）		0.43*** （0.01）		0.18*** （0.04）
地区效应	未控制	控制 （显著）	未控制	控制 （显著）	未控制	控制 （显著）
行业效应	未控制	控制 （显著）	未控制	控制 （显著）	未控制	控制 （显著）
年份效应	未控制	控制 （显著）	未控制	控制 （显著）	未控制	控制 （显著）
常数项	9.85*** （0.04）	10.18*** （0.26）	2.39*** （0.02）	2.42*** （0.13）	6.38*** （0.08）	6.86*** （0.29）
样本量	20494	20494	20494	20494	20494	20494
R^2	0.00	0.04	0.01	0.21	0.12	0.17

注：括号内为稳健性标准误（robust standard error）；*、**、*** 分别表示在10%、5%和1%的显著性水平上显著。

进一步地，本书分析了小微企业享受的所得税优惠额对企业绩效的影响，回归结果如表6-10所示。与表6-9类似，模型（1）与模型（2）是应纳税所得额对所得税优惠额的回归结果，模型（3）与模型（4）是平均从业人数对所得税优惠额的回归结果，模型（5）与模型（6）是平均资产规模对所得税优惠额的回归结果。模型（1）、模型（3）、模型（5）是简单的二元回归，模型（2）、模型（4）、模型（6）是在模型（1）、模型（3）、模型（5）基础上控制相关变量的多元回归。

实证结果表明，所得税优惠额对应纳税所得额的影响系数显著为正。在本研究样本中，平均而言，小微企业的所得税优惠额每提高1%，其应纳税所得额提高约0.28%。虽然所得税优惠额对平均从业人数的估计系数也显著为正，但相比而言，影响效应较小，具体而言，小微企业的所得税优惠额每提高1%，其平均就业人数提高约0.02%。回归结果还显示，所得税优惠额对平均资产总额的影响较为显著，但系数为负数，即表明所得税优惠额越大，小微企业的平均资产总额越小，这与理论预期存在一定的差异。本书认为，这可能与享受小微企业所得税优惠政策的条件有关。按照现行的规定，工业企业要符合资产总额不超过3000万元的条件，但其他企业只需符合资产总额不超过1000万元的条件。由此可以看出，不同类型企业的资产总额条件存在明显差异，从而造成所得税优惠额对企业平均资产总额的影响与理论预期不一致。

总体而言，所得税优惠状况与所得税优惠额度对企业绩效产生了较为显著的正向影响，特别是对企业的应纳税所得额与从业人数。

表6－10　　所得税优惠额的影响效应回归结果

解释变量	应纳税所得额		平均从业人数		平均资产总额	
	(1)	(2)	(3)	(4)	(5)	(6)
所得税优惠额	0.26*** (0.01)	0.28*** (0.01)	0.01*** (0.00)	0.02*** (0.00)	－0.17*** (0.01)	－0.15*** (0.01)
征收方式		0.06** (0.03)		0.47*** (0.01)		－0.13*** (0.04)
地区效应	未控制	控制 (显著)	未控制	控制 (显著)	未控制	控制 (显著)
行业效应	未控制	控制 (显著)	未控制	控制 (显著)	未控制	控制 (显著)

续表

解释变量	应纳税所得额		平均从业人数		平均资产总额	
	(1)	(2)	(3)	(4)	(5)	(6)
年份效应	未控制	控制 (显著)	未控制	控制 (显著)	未控制	控制 (显著)
常数项	8.10*** (0.05)	8.62*** (0.25)	2.09*** (0.02)	2.18*** (0.13)	5.53*** (0.06)	6.18*** (0.29)
样本量	20494	20494	20494	20494	20494	20494
R^2	0.20	0.25	0.00	0.21	0.06	0.11

注：括号内为稳健性标准误（robust standard error）；*、**、*** 分别表示在 10%、5% 和 1% 的显著性水平上显著。

6.2.4 稳健性分析

如前面所述，在数据处理过程中，本书将所得税优惠额缺失的样本默认为 0，为检验该种数据处理方法是否影响估计结果，我们将所得税优惠额缺失的样本进行删除处理。与此同时，为剔除离群值对估计结果的影响，我们进一步将所得税优惠额的离群值进行了剔除处理①。最终，我们共剔除 2177 个样本，获得 18317 个样本。利用新样本，我们再次重复了表 6-9、表 6-10 的估计过程，结果如表 6-11 与表 6-12 所示。稳健性回归结果表明，相关核心变量的结果与前述回归结果基本一致，这就在一定程度上验证了本书相关研究结论的稳健性。

表 6-11　所得税优惠状况影响效应的稳健性回归结果

解释变量	应纳税所得额		平均从业人数		平均资产总额	
	(1)	(2)	(3)	(4)	(5)	(6)
享受所得税优惠	0.15*** (0.05)	0.04 (0.05)	0.23*** (0.02)	0.23*** (0.02)	3.67*** (0.11)	3.64*** (0.11)
征收方式		-0.23*** (0.03)		0.46*** (0.01)		0.31*** (0.04)

① 根据 STATA 软件的“adjacent”命令，计算出所得税优惠额变量的离群值为大于 19440 元的样本。

续表

解释变量	应纳税所得额		平均从业人数		平均资产总额	
	(1)	(2)	(3)	(4)	(5)	(6)
地区效应	未控制	控制（显著）	未控制	控制（显著）	未控制	控制（显著）
行业效应	未控制	控制（显著）	未控制	控制（显著）	未控制	控制（显著）
年份效应	未控制	控制（显著）	未控制	控制（显著）	未控制	控制（显著）
常数项	9.85*** (0.04)	11.04*** (0.24)	2.29*** (0.02)	2.58*** (0.14)	7.65*** (0.11)	8.47*** (0.38)
样本量	18317	18317	18317	18317	18317	18317
R^2	0.00	0.04	0.01	0.20	0.21	0.25

注：括号内为稳健性标准误（robust standard error）；*、**、*** 分别表示在 10%、5% 和 1% 的显著性水平上显著。

表 6－12　　所得税优惠额影响效应的稳健性回归结果

解释变量	应纳税所得额		平均从业人数		平均资产总额	
	(1)	(2)	(3)	(4)	(5)	(6)
所得税优惠额	0.32*** (0.01)	0.35*** (0.01)	0.02*** (0.00)	0.02*** (0.00)	－0.26*** (0.01)	－0.24*** (0.01)
征收方式		－0.35*** (0.03)		0.44*** (0.01)		0.12*** (0.04)
地区效应	未控制	控制（显著）	未控制	控制（显著）	未控制	控制（显著）
行业效应	未控制	控制（显著）	未控制	控制（显著）	未控制	控制（显著）
年份效应	未控制	控制（显著）	未控制	控制（显著）	未控制	控制（显著）
常数项	7.45*** (0.06)	8.81*** (0.26)	1.92*** (0.02)	2.26*** (0.14)	6.16*** (0.09)	7.41*** (0.35)
样本量	18317	18317	18317	18317	18317	18317
R^2	0.25	0.32	0.01	0.20	0.09	0.15

注：括号内为稳健性标准误（robust standard error）；*、**、*** 分别表示在 10%、5% 和 1% 的显著性水平上显著。

6.3 研究结论

利用来自江西省地方税务局的大量微观样本数据，本书以江西省为例，对小微企业所得税优惠政策的效应展开了实证分析。研究发现，小微企业所得税优惠额在不同年份、不同资产规模、行业与征收方式之间存在显著差异。进一步地，利用标准的计量分析方法，对所得税优惠政策所具有的效应进行了分析，研究结论显示，享受所得税优惠显著地提高了小微企业的从业人数与资产规模，小微企业所享受的优惠额度则显著提高了其应纳税所得额与从业人数。因此，总体而言，针对小微企业的所得税优惠政策在一定程度上促进了小微企业的发展，对提升小微企业绩效具有显著影响。

第 7 章

国外小微企业所得税优惠政策的经验借鉴与启示

作为政府调节经济的有力杠杆，税收对小微企业的影响是不容忽视的，因而各国政府都运用税收优惠政策促进小微企业的发展，为其营造宽松的生存环境。大多数国家在企业所得税方面主要通过实行税收减免、降低税率、加速折旧和费用扣除等方式，为小微企业构建起自成立、发展、壮大到成熟各个阶段的一系列税收扶持政策体系，这也为我国制定小微企业税收优惠政策提供了一定的借鉴。

7.1 发达国家小微企业所得税优惠政策

7.1.1 美国小微企业所得税优惠政策

7.1.1.1 小微企业总体情况

美国小企业管理局（U. S. Small Business Administration，SBA）发布的《小企业划分标准》（2016）中规定，农、林、牧、渔行业收入低于75万美元、建筑业收入低于3650万美元为小企业；制造业、矿产油气开采、公共事业、批发业、零售业行业中，主要以雇员数量划分，各细分行业划分标准略有差异。一般情况下，拥有50个以下的全职员工的企业为小企业，拥有25个以下的全职员工的企业为微型企业。按照经济发展委员会的认定标准，小微企业指的是人数不满50人，且在经营者拥有企业、资金由少数人提供、规模较小、产品大多销于本地四个条件中至少满足两个的企业。

美国国内的小微企业数量众多，与国内大企业一起形成金字塔形的企业结构，其中“塔基”属于小微企业，“塔顶”属于少数的大企业。据统计，美国2000年约有小微企业2500万家，而在之后的10多年里，虽然小微企业数目因经济不景气有过阶段性减少，但总体趋势是增加的，现如今，美国约有小微企业2700万家，占美国企业总数的99%。从历史和现实来看，美国小微企业对于国民生产总值的贡献一直在40%—50%①，基本上与大企业所发挥的作用持平；而在一些小微企业占优势地位的行业，小微企业对国民生产总值的贡献则要大得多，如建筑业、部分服务业，小微企业的产出比重甚至能够达到80%左右。从销售额来看，小微企业占全部企业销售额的比例也一直维持在40%—50%，而在其占据优势的部门可以达到更高比例。小微企业对就业的贡献不可低估，美国50%的就业机会是由小微企业创造的。小微企业在创新方面的贡献也很大，投入产出比较高，贡献了国内55%的发明和技术创新成果，而其研究开发费用却不到大企业的5%；美国小企业管理局收集的20世纪对美国和世界有重大影响的65项发明和创新，都是由小微企业创造的。美国小微企业在商品出口中的作用不断增强：一方面，商品出口额占全部出口总额的33%，占据较大比重；另一方面，美国经济增长的70%源于出口贸易，其中97%的出口增长来自于小微企业。因而有理由相信美国政府将小微企业的发展视为“美国经济的脊梁”是合理的。

7.1.1.2 小微企业所得税优惠政策

美国为鼓励小微企业发展，在所得税方面制定了一系列的税收优惠政策。

一是实行低税率。美国对年所得额在5万美元以下的小微企业，公司所得税的最低税率降为15%，到2006年底，最低税率从15%降到10%。涉及中小企业的个人所得税税率下调了25%，并将创新型小型企业的资本收益税率减半，按14%征收。

二是鼓励中小企业加大投资的税收减免。美国允许小企业的设备投资额冲抵应纳税所得额，如果法定使用年限在5年以上的，可以按照买入价格的

---

① 刘森. 美国中小企业政策及其启示［J］. 中国工商管理研究，2005（2）：48－51.

10% 直接抵扣当年的应纳税款；如果法定使用年限在 3 年的，可以按照买入价格的 6% 直接抵扣当年的应纳税款。甚至某些不动产以及某些购入的旧设备，也可以获得一定程度的税收抵免。小型企业的应纳税款如果少于 2500 美元，这部分应纳税款可全额用于投资抵免。对小企业投入符合条件的股本，所获得的资本收益给予至少 5 年 5% 的税收免除；小企业风险投资所得额的 60% 享受免税政策，其余 40% 减半征收企业所得税；对收入不足 500 万美元的最小企业实行长期投资税减免。对投资 500 万美元以下的小企业永久性减免投资税。2017 年 12 月 22 日，美国正式通过《减税与就业法案》，最新的税改法案中规定在 2018—2022 年取得并投入使用的特定资产的支出可以全额费用化，之后每年的扣除比例递减 20% 。这表示这五年间的投资可以全部在税前扣除，而不再通过折旧与摊销的方式扣除，这一政策相当于企业可以提前享受优惠政策，对鼓励投资有极大的促进作用。

三是鼓励社会成员对中小企业投资的税收减免。在 1985 年制定了《小企业投资法》，小企业投资公司（Small Business Investment Company，SBIC）是由 SBA 批准设立的以向新兴中小企业提供权益性资本为目的的投资公司。为鼓励 SBIC 投资新兴产业，美国政府规定，SBIC 的发起人每投入 1 美元可从 SBA 获得 4 美元的低息贷款，并可以享受特定的税收优惠；对小型企业投入的股本（符合一定条件）所获资本收益实行至少 5 年的 5% 税收豁免；企业风险投资额的 60% 免除征税，其余的 40% 只以 50% 征收所得税；私人资本为建立科研机构而捐赠的款项一律免税，企业为建立非营利性科研机构提供的资金也免交所得税；投资者出售符合条件的小型企业（总资产不超过 5000 万美元的公司）股票所获利的 50% 免税，但持有小型企业股票的时间必须满 5 年。同时，为了消除投资者对中小企业风险投资的顾虑，对于事业经营发生的亏损，允许向前 3 年或向后 7 年结转到盈利折抵纳税，中小企业的股东从公司遭受的损失可以用来对抵从别的来源所得的收入，对损失数额超过股东基数的部分，按比例从股东其他收入项目中进行损失扣除。

四是对个人独资企业、合伙企业、S 公司①的税收减免。在 2017 年的新法

① 在美国，S 型股份有限公司是将公司税转到股东个人税的一种公司类型。

案中提出个人独资企业、合伙企业、S公司免税的政策。《减税与就业法》（2017）规定，这部分企业符合条件的经营收入适用20%的免征优惠。免征额的规定生效时期为2017年12月31日至2025年1月1日。该项优惠仅适用于符合条件的企业，并且在医疗、法律、金融等特殊行业，纳税人的应纳税所得额范围为157500—207500美元，否则不能享受此优惠税率。

五是加速折旧。20世纪80年代以来，美国相继出台政策缩短了原折旧法规定的固定资产折旧年限，实行“特别折旧”制度，允许企业在投资后的1—2年里对新购置使用的固定资产提取高比例折旧，对某些设备在其使用年限初期实行一次性折旧。小企业的机器设备如果主要用来试验研究的，可在3年内折旧完毕。对试验研究用机械设备，折旧期限缩短为3年，产业用设备折旧年限减为5年。

六是鼓励中小企业进行科研创新。为了鼓励企业科技研发，1981年的《经济复兴税法》对创新型小企业的税率规定为14%，低于普通公司所得税税率。该法还规定，凡新购买的设备，若法定使用年限在5年以上，其购入价格的10%可直接抵扣当年的应付税款；若法定使用年限为3年，抵免额为购入价格的6%。某些不动产以及某些购入的旧设备，也可以获得一定程度的税收抵免，如果小型企业的应纳税款少于2500美元，这部分应纳税款可以百分之百用于投资抵免；此外，通常的研发费用如果在课税年度超过过去3年平均发生额，其超过25%的部分予以减免；在从事基础研究时，研发费用的65%作为非课税对象，该项抵免可以向前结转3年，向后结转15年。

七是允许雇员培训扣除。2000年，美国提交国会批准企业培训花费的30%允许进行税前扣除。在《美国纳税人减税法案》中还明确规定，对中小企业雇佣的含失业退役人员等12种特定人员的工资给予税收抵免优惠。

八是亏损结转。为了增强中小企业抗风险的能力，允许中小企业股东遭受的损失可以用来抵减其他来源的收入，如从别的公司得到的工资收入抵减中小企业股东分摊的损失，扣除数额不能超过股东的基值，超过部分要结转到以后年份，结转的期限没有限制。对损失数额超过股东基值的部分，按比例从股东其他收入项目中进行损失扣除。

九是纳税身份的选择。美国在1981年通过的《经济复兴法》中，规定雇员在 25 人以下的企业，依照个人所得税税率纳税，而不是按公司所得税税率纳税，并将涉及中小企业的个人所得税税率下调了 25%。同时允许小企业根据自己的实际情况选择对自己有利的纳税方式，缴纳公司所得税或者个人所得税。S 类股份公司股东人数不超过 35 人的，不用缴纳公司所得税，个人企业主和合伙企业的股东仅根据他们的个人收入缴纳联邦所得税①。

十是扶持欠发达地区中小企业发展。美国联邦政府于 1993 年颁布了《联邦受援区和受援社区特别法案》，拨款 25 亿美元用于受援地区税收优惠，对中小企业投资税进行长期减免。康涅狄克州还规定对贫困地区的企业投资减免 5 年所得税。地方政府对新兴的高技术企业，给予减免地方税收的照顾；对企业增加的试验研究费用给予减税照顾，对高于以前 3 年研究开发支出额的部分给予减税 25%，企业可以申请研发费用的抵免，对符合这一条件的，研发费用抵免额为 20%。

7.1.1.3　扶持政策和立法方面

美国政府对于小微企业的支持是系统性的，包括完善的中小企业法律支持系统、健全的中小企业政府机构系统、高效的中小企业资金支持系统以及便捷的中小企业社会化服务系统。

（1）完善的中小企业法律支持系统。建立完善的法律支持系统是保障和促进中小企业健康发展的重要手段。现如今，美国已经有较为完善的中小企业的法规体系，主要包含中小企业基本法和中小企业专项法规。

一是中小企业基本法。美国早在 1950 年就设立了“小企业临时委员会”，负责中小企业基本法的起草工作，而 1953 年美国《小企业法》正式出台，奠定了美国小企业政策的基础。

二是中小企业专项法规。美国早在 1890 年通过的《谢尔曼法》就为中小企业对抗大型托拉斯组织的垄断提供了法律基础和保障。随后，相继通过的《联邦贸易委员会法》《克莱顿法》《米勒—泰丁法》等法案，不断完善了反托拉斯法。第二次世界大战后，美国针对小微企业的立法进一步发展，立法精神

① 李檬，蒋平，张海波．发达国家鼓励小企业发展的税收政策简介［J］．涉外税务，2012（9）：24－27.

也从间接地通过反垄断来保护小微企业的利益转向直接向小微企业提供帮助：1958 年为鼓励风险投资通过了《小企业投资法》，1981 年修订了《经济复兴税法》，1997 年通过了《纳税人免税法》，1998 年制定了《国税局调整与改革法》。制定有利于减轻中小企业的税收负担和技术创新的税收政策，促进小微企业与大型企业自由竞争。

（2）健全的中小企业政府机构系统。中小企业政府管理机构是国家或地区中小企业政策的制定、组织和执行者，在相当程度上影响着中小企业政策体系的内容上的完整性、运行上的规范性和成效性。美国 20 世纪 40 年代初建立了为小微企业发展保驾护航的三个管理机构：一是隶属于国会的小企业委员会，二是隶属于白宫的小企业会议，三是隶属于联邦政府的小企业管理局。国会的小企业委员会是由参众两院设立，主要职责是听取小企业管理局和白宫小企业会议对有关小企业发展政策的建议和意见，负责小微企业相关法律的建立和完善，并定期向参众两院汇报小企业工作的进展情况；白宫小企业会议是根据总统要求而设立的，职责主要就小微企业的法律制定、政策协调、资金融通、信息咨询和社会服务等问题进行讨论，以便总统决策；联邦小企业管理局具体履行对小企业的管理职能，它是专门代表小微企业利益的机构，在美国小企业服务体系中起着核心的、不可替代的作用，向小企业提供政策法律咨询，向政府反映小企业的意见，并向小微企业直接提供贷款和信贷担保，为小微企业提供科技资助，其提供的服务几乎涉及大多数中小企业服务所需要的各个方面，其他组织和机构很多都是通过与小企业管理局的合作来共同为小微企业提供服务。

（3）高效的中小企业资金支持系统。各国中小企业面临的最为普遍且关系到其生存和发展的重大问题是企业资金受到一定约束，因而各国在构建中小企业服务体系时也对中小企业资金支持方面给予很大的关注和重视。美国通过建立高效的中小企业资金支持系统，为中小企业的资金融通方面提供了很大的便利。美国小微企业资金支持系统主要由四个方面组成。

一是小微企业信用担保机制，主要由小企业管理局作为担保人，为小企业的资金需求提供担保，以满足小企业长期资金要求，如固定资产投资、补充流动资金、购买存货和出口融资等。担保条件比较优惠，担保数额可达 75 万美元，担保率一般为 75%，10 万美元以下的贷款担保率可达 80%；流动资金贷款期限可保证为 10 年，固定资产贷款期可长达 25 年，必要时可申请延期。

二是一些非营利机构和组织直接对小微企业提供资金，包括小企业管理局对小微企业的贷款和一些社会机构的资金提供，其中以小企业管理局的资金提供为主。

三是直接的资金提供，包括向小微企业进行风险投资、向受自然灾害影响的小企业提供自然灾害贷款和向小微企业提供出口信贷。

四是资本市场融资，通过发展针对小微企业的公开资本市场或者为小微企业制定一些专门标准来鼓励小微企业获得资本市场上市的机会等。这种多层次、多阶段、多角度的资金支持体系，较好地满足了美国小微企业的资金需求①。

（4）便捷的中小企业社会化服务系统。中小企业社会化服务体系是社会对中小企业生存和发展提供全方位系统服务的集中表现，也是市场经济条件下社会化分工协作的表现形式。美国在支持小微企业技术创新和创业服务等方面积累了丰富的经验。其政策措施通常有：

一是制定小微企业创新发展计划，要求有关政府机构每年向该计划拨出经费，支援小企业从事科研开发。1987—1993 年，联邦政府部门共为该计划提供了约 25 亿美元的资助，现在该计划每年可用的资金已达到 12 亿美元。

二是向小微企业传播技术，在克林顿振兴美国经济的一揽子政策中就提出要建立数十个制造技术扩展中心，在小企业间扩展技术知识和新的制造技术。

三是对创业服务的支持。在创业服务方面，美国政府对个人创业精神给予高度关注，形成了支持个人创业的制度。美国拥有旨在促进个人创业的机构——商业信息中心，其设备和资料可供创业者随时使用；美国各州还建立了业务培养室，重点培育风险企业，支持小企业进行风险投资，拓展业务范围。美国政府还在 1958 年就全资成立了小企业投资公司，专门对小企业提供商业银行不愿贷款的风险投资②。

---

① 黄秋玲．小微企业税收优惠政策效应分析及优化路径研究［D］．江西财经大学，2017.

② 谷成，裴颖，朱冬梅．特朗普减税、欧洲举措与中国借鉴［J］．地方财政研究，2018（7）：4－12.

7.1.2 法国小微企业所得税优惠政策

7.1.2.1 小微企业总体情况

法国中小企业的界定标准如下：雇员人数在500人以内且年营业额不超过4000万欧元，或大企业持有股权在25%以下的工业、商业、服务业和制造业企业为中小企业。法国对中小企业的界定遵循雇员人数的原则，且对中型、小型和超小型企业也做了严格的区分。其中，雇员人数低于10人的为超小型企业，10—499人的为小型企业和中型企业。

法国本土现有工业、商业和服务业等各类型中小企业240万余个，占法国企业总数的99.8%，雇员总人数达到830万，占总就业人口的59%。中小企业贡献了整个工商业和服务业增加值的53%和出口贸易的1/4。因此可以毫不夸张地说，中小企业在推动就业、维护社会稳定、带动出口、拉动国民经济增长以及促进科技产业化等方面都发挥着举足轻重的作用，已经成为法国国民经济的重要基础。

7.1.2.2 小微企业所得税优惠政策

法国为鼓励小微企业发展在所得税方面制定了一系列的税收优惠政策。

一是实行低税率。2018年前，法国小企业年应纳税所得额低于38112欧元的部分，适用15%的公司所得税税率；对超过38112欧元的部分，则按照33.33%的税率缴纳公司所得税。2018年法国企业所得税税率由33.33%降至28%，超过50万欧元的部分仍用33.33%，2019年超过部分降至31%，并计划2020年全面适用28%的税率，2021年降至26.5%，2022年降至25%[①]。

二是减免公司所得税。为了鼓励企业创业，法国对新建立的中小企业在3年内免缴核定税额，后两年减半征收。中小企业成立5年之内可以减按50%纳税，企业成立5年后仍处于无力纳税状况时，相当于出资部分的损失额（最多不超过10万法郎）不予课税。2000年9月，法国宣布在之后3年中采取一系列减税措施，减税总额达1200亿法郎，涉及个人所得税、公司税、汽车印花

① 何杨，景诗曼，何明俊．所得税最新国际发展趋势研究［J］．国际税收，2018（11）：15－20.

税等税种。员工人数在 1500 人以下、年营业额在 3000 万法郎以下的中小企业减免 3 年的企业所得税。在老工业区等重点开发区兴办企业免征 3 年的地方税、公司税和所得税，期满后仍享受 50% 的税收优惠。2013 年 12 月 31 日前在特定重建地区（援助领域）成立的企业免除全部或部分税收。在产权转让还未发生时，以专利、专有技术等特许权利对小企业进行投资的，新增盈利给予免征 5 年的公司所得税优惠。2018 年 1 月 1 日开始实施的预算草案中规定，针对小微企业，从事销售、餐饮、住宿的营业收入免征额由 82800 欧元调增至 170000 欧元；从事商业行为（如咨询等专业领域）的营业收入由 33200 欧元调增至 70000 欧元。连续 2 年超过免征额的小微企业，适用正常企业所得税税率。

为了鼓励中小企业创造更多的就业机会，规定每创造一个就业机会，减免 1 万法郎所得税，最高减免 50 万法郎。为促进失业人员创业，法国政府规定创办工商企业可以享受 2 年免征所得税，每 12 个月，免除份额分别缩小为 75%、50% 和 25%。此项制度所减少的税收加在一起不超过 20 万欧元，不能超过 3 年。

三是加速折旧。为了进一步降低中小企业机械设备的购进成本和租赁费用，1998 年法国创立的中小企业促进投资税制规定：由特定中小企业购进的机械、设备、家具、固定组装设备、货车、大型船只购进成本选择按 7% 进行特别税额扣除或者按 30% 提取特别折旧，适用期限从 1998 年 6 月 1 日至 2004 年 3 月 31 日，7% 的税额扣除也可以适用于特别租赁资产。对于软件以及其他符合条件的设备，可按 100% 在期初扣除。对于新创办的小微企业的固定资产折旧率从原来的 5% 提高到 20%。

四是鼓励创新研发。法国对中小企业以专利等形式向创新企业投资，给予税收优惠。从 1997 年起，在预定的产权转让尚未发生的情况下，以专利、发明或工业生产技术等无形资产向企业进行投资的投资者，所获利润增值部分可延期 5 年交税。从 2013 年 1 月 1 日起，一项新的研究税收抵免可用于中小企业的创新支出（如原型设计），抵免额相当于中小企业支出的 20%，支出上限为 40 万欧元。在私人企业研发转包的情况下，研发支出可以按照 3 倍扣除，上限为 1000 万欧元。如果私人企业转包给关联企业的研发支出，只能按照 2 倍扣除，研发支出上限为200万欧元。

五是鼓励投资减免。法国规定，小微企业如果把获利所得用于再投资，可减按19%的税率征收公司所得税。对小微企业用于固定资产投资的税前资本扣除比例从25%提高到40%。小微企业当年比上年增加研发投资的，可免交与50%增加额等额的企业所得税。

为了鼓励投资者对中小企业投资，法国在1985年颁布的85－695号法案中规定，风险投资公司从持有的非上市公司股票中获得的收益或资本净收益可以免交所得税，免税数额最高可达收益的1/3；对由个人或其他中小企业直接或间接持股超过75%的中小企业，其来自一个完整分支机构的销售活动（不包括不动产的收益）的价值超过30万欧元的资本利得是免税的。部分豁免适用于价值超过30万欧元，但低于50万欧元的完整的分支机构销售活动。

7.1.2.3　扶持政策和立法方面

（1）完善的中小企业管理机构体系。法国政府批准设立了“中小企业税务委托管理中心”，这是一个依法成立的社会团体，其会员就是中小企业。托管中心的首要职责是负责中小企业的税收服务并做好税务部门日常的协助工作，如向小企业派遣专业会计人员，帮助小企业建立会计账目，提供信息、培训、数字统计等服务，参加管理中心的企业每年需缴纳1200法郎，比专门聘用会计人员价格更便宜，还可享受20%的减免税。

（2）便捷的中小企业社会化服务系统。法国政府为使得新企业创办过程变得简单易行，明文颁布了简化申办手续法令。申办人可以通过相关部门在互联网上设立的信箱下载各种申办报表。最为简便的是直接通过互联网与相关部门联系，不出一天便能完成公司创办登记手续，高效且便捷。

（3）高效的中小企业资金支持系统。法国政府大幅度提高由银行向小企业贷款的比重，增加金融机构向小企业贷款的担保，并鼓励担保公司与有关金融机构共同提供贷款，如法国的中小企业投资担保公司。扩大对小微企业的贷款和担保规模。

与此同时，采取一系列的财政补贴扶持中小企业的发展。一是为小微企业提供人力资本投资补贴。法国政府为小企业主负担第一年50%的专业人才聘用费用。对小企业雇佣学徒和单身妇女给予补贴 。同时设立就业地区发展补贴，对 3 年内增加投资 5 万欧元以上和增加职工 6 人以上的中小企业，每增加 1 名就业人员，地方政府补贴 2000—2500 欧元；对 3 年内增加 30 人以上的服务行业中小企业，每增加 1 个员工地方补贴 1500—3000 欧元。二是对小微企业研发给予财政补贴。法国政府对小企业的研发经费给予 25% 的财政补贴。

7.1.3　日本小微企业所得税优惠政策

7.1.3.1　小微企业总体情况

日本非常重视中小企业的发展，早在 20 世纪中期就设立中小企业厅，专门从事中小企业服务，中小企业厅报告数据显示，日本的中小企业占据了企业总数的绝大部分，大中企业占比非常小，且中小企业的雇员人数也在从业人数总额中占比半数以上，中小企业对促进日本经济发展、保障就业、维护社会安定等方面起到重要的支撑作用。日本为促进中小企业的发展，改变其在市场竞争中的弱势地位，在 1963 年颁布实施的《中小企业基本法》中，就确立了按不同产业、注册资金和雇员人数划分中小企业标准，通过立法将大企业与中小企业加以区分，并对中小企业实施扶持政策。而经过各个经济发展周期的多次调整，形成了目前较为简明、符合国情的中小企业、小规模企业划分标准①。

日本的《中小企业基本法》规定，制造业、建筑业、运输业等未列明行业中小企业指的是资本等于或小于 3 亿日元（270 万美元）或者固定员工数量等于或者小于 300 人的企业；批发业中小企业指的是资本不超过 1 亿日元（90 万美元）或者员工人数等于或小于 100 人的企业；零售业中小企业指的是资本不超过 5000 万日元（40 万美元）或者员工人数等于或小于 50 人的企业；服务业中小企业指的是资本不超过 5000 万日元或者员工人数等于或小于 100 人的企业。

日本历来重视小微企业的发展，根据日本中小企业厅 2012 年度报告，中小微企业达到了 469 万家，占日本企业总数的 99.7%，雇佣人数占雇佣总数的 69.4%，对促进日本经济发展、保障就业、维护社会安定等方面起到重要的支撑作用。

---

① 刘馨颖．促进中小企业发展：日本以间接税收优惠为主［N］．中国税务报，2013-7-10.

7.1.3.2 小微企业所得税优惠政策

日本为鼓励小微企业发展在所得税方面制定了一系列的税收优惠政策。

一是实行低税率。日本法人税基本税率为30%，但资本额在1亿日元以下的中小企业，年应纳税所得在800万日元以下的部分，2008年以前可以适用22%低税率，金融危机爆发后的2009年，下调为18%；后金融危机时代的2012年，下调为15%。年应税所得额超过800万日元的部分，则适用30%税率。此外，根据日本税法规定，法人还需交纳法人年事业税和法人居民税（都道府县和市町村）。从2004年1月1日起，法人事业税中，所得额不超过400万日元的部分按照3.8%征收；超过400万日元至800万日元的部分按照5.5%征收；超过800万日元的部分和清算所得按7.2%征收；附加价值按0.48%征税；资本金按0.2%征税。都道府县居民税按照资本金总额设定为2万日元至80万日元的五级，标准税率为5.0%（税率上限为6%）。市町村居民税按资本金总额和从业人员数量设定为5万日元至300万日元9级，标准税率为12.3%（上限14.7%），东京按照法人税额的17.3%（上限为20.7%）征收。

二是加速折旧和即时折旧。首先，对于加速折旧，日本小企业的设备如果是属于现代化改造或用于新兴产业的，可在4年或5年内折旧完毕；如果属于电子设备如工业用自动机器、数控机器等，则在使用的第一年享受30%的特别折旧优惠，或享受按计提折旧设备总值的7%的税额抵免①，但以上可抵免金额最高不得超过当年应纳税额；小企业租赁这些设备，一定比例的租赁费用可以享受7%的税额抵免，如果抵免限额超过企业所得税的抵免上限的，可以延至下一个纳税年度。提交蓝色纳税申报表的中小企业有资格获得相当于新购机械、设备、软件和车辆的75%的购置成本的30%的初始折旧，最高抵免额相当于该企业当年税负的20%。此外，日本中小企业对设备现代化改造实行特别折旧，购置特定设备允许企业在提取正常折旧之外，再按标准购置成本的30%在第一年增提期初特别折旧，或选择按7%的抵免率进行税收抵免。对新

① 李庆云、杨志银．发达国家中小企业税收政策对我国的启示［J］．生产力研究，2009（17）：173－175.

兴产业的设备使用期限缩短到 4—5 年。其次，对于即时折旧，自 2006 年 4 月 1 日至 2014 年 3 月 31 日，允许中小企业购置不满 30 万日元的资产，合计不超过 300 万日元，全部计入当年成本。

三是鼓励创新和研发。为了鼓励研发，日本政府制定了《增加试验研究费税额扣除制度》《促进基础技术开发税制》等税收政策，给予各种税收鼓励。①税款扣除。1985 年 4 月 1 日至 2003 年 3 月 31 日之间开业的各会计年度产生的试验研究费，允许其从法人税额中扣除，扣除率为中小企业支出的试验研究费的 10%，扣除限额是法人税额的 12% 至 14%。对于符合创新经营促进法规定的中小企业，如果其在 10 年以内实施新开拓计划，同时上年度试验研发费和开发费总额占收入金额的比例超过 3%，那么企业内部留成不予征税。试验研究费超过过去 5 年中前 3 年的平均数，按增加部分的 15% 给予税收扣除。②税收返还。日本对小企业由于技术创新所造成的生产量减少并导致亏损的，可以返还上年度已缴的部分税款。③税收减免。对研究开发型中小企业给予特别的税收政策，减免法人税、固定资产税和所得税，同时在消费税缴纳、节约能源等方面再根据不同情况辅之以不同的税收优惠。技术含量高的中小企业所购入或租借的机器设备减免所得税。此外信息行业还有专门的减税待遇。包括增加 25% 的科研税务贷款，扣除 50% 的软件收入作为用于软件开发的免税储备金，扣除相当于培训软件工程师开支 20% 和相当于售价 2. 5% 的金额用作意外损失储备金；购置用于基础技术开发的资产，免征 7% 的税金等。④税收抵免。2003—2005 年，一般企业可以用当年研发支出的 10%，中小企业可以用当年研发支出的 15% 进行税收抵免，但当年抵免额不得超过应纳税额的 20%。2012 年起，研发中心在成立 5 年之内，可享受 20% 收入抵免的优惠政策。2018 年，在日本新的税收激励规定中，针对中小企业，与 2017 年相比，雇员的工资增速达到 1. 5% 以上才可获得 15% 的税收抵免；若员工教育和培训支出增加 10% 以上且连续使员工的工资增加至少 2. 5%，税收抵免额可以增至 25%。

四是中小法人交际费扣除特例。日本 2013 年税制修改案规定，蓝色申报中小企业自 2013 年 4 月 1 日起，可将其 800 万日元以下的交际费全额计入成本，此前，可计入成本的交际费最高限额为 600 万日元。中小企业以外的其他企业不允许扣除任何业务招待费用。

五是亏损结转。自 2008 年起，允许事业年度出现亏损的蓝色申报中小企业，自其亏损年度开始可以向后结转 9 年。

六是鼓励中小企业投资。日本规定中小企业法人债务在次年不必全部清账，还可从利润中提取 16% 作为积累，用于企业的投资扩张。中小企业于 2002 年 3 月 31 日之前购进并使用的指定机械和设备（包括电子计算机系统）购进成本的 7% 以及购进的指定节能型机械、设备调整后购进成本（25%—100%）的 3.5% 或者 7%，可以从法人税额中扣除，最大限额为法人税额的 20%。2002 年税制改革将此项税额扣除适用期延长至 2004 年 3 月 31 日。中小企业创立未满 5 年或试验研究费用高于企业销售额 3%，新引进设备可以享受减税政策。

七是鼓励到欠发达地区投资。1950 年，日本通过了《北海道开发法》，并在中央政府内设置了北海道开发厅，由北海道开发厅制定了一系列的特殊政策，鼓励北海道地区中小企业的开发和发展。日本政府所制定的减免税政策主要包括减轻中小法人的法人税率、中小法人债务准备金的特别处理以及固定资产税的特别处理等。

八是促进就业。日本规定，在 2013 年 4 月 1 日至 2014 年 3 月 31 日期间，作为蓝色申报中小企业，雇佣人数增加 2 人以上时，允许每增加 1 人，就可以从法人税税额中抵扣 40 万日元，抵扣上限为当年法人税额的 20%，此前，允许抵扣额为 20 万日元。

7.1.3.3 税收优惠立法与管理组织方面

随着第二次世界大战后日本经济的恢复以及《中小企业基本法》的颁布实施，日本为促进中小企业发展逐步形成了全面、系统的政策体系，主要包括：

（1）健全的法律保障体系。法律是促进中小企业发展的基本保证。中小企业成为日本经济发展的一支重要力量，是与日本高度法制化的市场经济环境、日本政府采取促进和扶持中小企业的法律和政策措施分不开的。日本是西方国家中中小企业立法最健全、最完善的国家。1949 年以来，日本政府先后制定了 30 多个有关中小企业的法律，如《中小企业金融公库法》《中小企业信用保险公库法》《中小企业现代化资金助成法》《中小企业基本法》等，形成了相对独立、较完整的中小企业法律体系。这些法律的制定和实施，确立了中小企业的法律地位，从不同方面鼓励和保护了中小企业的发展，为中小企业快速健康地成长奠定了坚实的基础。

（2）完善的中小企业管理机构体系。日本是世界上中小企业管理机构体系最完善的国家，它不仅在经济产业省设立了中小企业厅，还依据《中小企业基本法》设立了具有各种职能的审议会，包括中小企业政策审议会、中小企业经营领域调整审议会、中小企业现代化审议会、中小企业稳定审议会等。它们作为总理大臣或省、厅首长的咨询机构，负责研究审议有关中小企业的政策和法律。目前，中小企业厅下设的事业环境部、经营支援部，为中小企业、小规模企业从创业、就业、人员培训、经营管理、技术研发、融资、财政和税收、对外投资、情报信息等提供全方位的服务。政府从财政预算中拿出大量资金，建立了一批自上而下的官助民办、官办民营或官民协办的遍及全国的管理机构网络，即由中小企业厅、中小企业厅派生机构、中小企业审议会、社会团体与企业联合会构成的管理组织体系。与此体系并行的是遍及全国的中小企业情报网络，它们收集国内外与中小企业有关的各种经济、技术资讯，并通过中小企业地区情报中心和各地的中小企业局，将资讯提供给中小企业。

（3）多方面、多渠道地支持和帮助中小企业融资。资金短缺几乎是所有中小企业普遍存在的问题。因为在一般信贷市场上，中小企业由于自有资本金少、信用度不高、经营风险较大，很难获得贷款。即使有些中小企业能够获得贷款，也要比大企业多付出 2%—5% 的利息，而一般政府能帮助中小企业获得贷款的主要方式有：贷款担保、贷款贴息，以及政府直接的优惠贷款等。概括日本政府成功做法，可归纳为：

①成立面向中小企业的金融机构。第二次世界大战以后，日本政府相继成立了三家由其直接控制和出资的专门为中小企业服务的金融机构，即中小企业金融公库、国民生活金融公库和农林渔业金融公库，并利用财政资金对中小企业进行资金融通。这些金融机构对中小企业的贷款一般利率较低、期限较长、担保要求较松。如中小企业金融公库和国民生活金融公库对中小企业的贷款分为一般贷款和特别贷款两种。一般贷款在条件上比民间银行优惠，特别贷款则

是为扶持振兴尖端技术和中小企业现代化而发放的更为优惠的贷款。中小企业金融公库的资金来源主要是政府产业投资、特别会计账户和发行金融债券；主要用于中小企业的设备投资和长期周转资金，以扩大出口、提高自给程度，促进新技术的工业化等等。2008 年 10 月，3 家银行与国际协力银行整合后，更名为株式会社日本政策金融公库。此外，日本还有 60 多家地方银行立足于大中城市，服务于本地的中小企业。

②制定中小企业融资优惠政策体系。日本通过政府金融机构实施的中小企业贷款优惠政策制度，主要包括如下几种情况：

安全网贷款制度。主要针对那些受银行的经营状况和关联企业破产影响使资金周转出现困难，但预计其中长期资金周转将得到改善、经营状况稳定的中小企业实施的贷款扶持制度，包括“支持中小企业经营资金”“中小企业资金流动协调资金”“金融环境变化对应资金”和“中小企业破产对策资金”等。贷款利率一般按标准利率，贷款年限一般为 5—7 年。对个别抵押物不足的企业，考虑其事业发展的前景，最高可以按贷款额的 50%（最高额为 8000 万日元）免除抵押。

新开办企业支持资金。这是一项对能创造就业机会、提高技术及服务的新开办中小企业实行的无抵押无担保的融资制度，贷款额度为 550 万日元，贷款利率比基准利率高 1 个百分点，贷款年限一般为 5—7 年。

具有增长性的新事业培育特别融资制度。这是以从事高增长性新兴事业的中小企业为对象的资金扶持制度，贷款条件是企业开展新事业大约在 7 年内，其事业的增长能力和新兴度是经过中小企业金融公库增长性新事业培育审查会认定的，其事业有前途能顺利发展。贷款额度为 6 亿日元，对贷款利率实行增长性新事业特别利率。这种贷款年限为：设备资金 15 年以内，周转资金 7 年以内。对个别抵押物不足的企业，考虑其事业的前景，最高可以按贷款额的 75%（最高额为 8000 万日元）免除抵押。

③构建中小企业融资的担保、保险机制。在日本，由政府和银行共同出资成立的中小企业信用担保公司，负责对中小企业申请贷款提供担保。信用担保公司在全国设有 52 个分支机构。它们在为中小企业的贷款提供担保后，可以将相当于担保贷款的金额转到政府独资的中小企业信用保险金库进行再保险。

当获得贷款的中小企业偿还贷款遇到困难时，可以从保险金库领取相当于应偿还金额70%—80%的保险金。在日本，不仅有政府全额出资成立的中小企业信用保险金库，而且有民间的信用担保协会。保险金库和担保协会订立一揽子保险合同，只要在一定限额内，协会对某一企业的担保便自动生效。目前信用保证协会提供的担保额为：普通担保（有抵押或有保证人）为4亿日元，无抵押（有保证人）担保为1.6亿日元，无抵押无保证人担保为2500万日元，即中小企业最大可获得5.85亿日元的贷款担保。

在日本，中小企业可以用持有的赊销债权（包括应收的货款、运输费、诊疗费、工程费等）作为抵押向银行申请贷款，信用保证协会对其进行的债务担保制度。此外，日本各地的信用保证协会还可以对净资产3亿日元以上的中小企业发行的企业债券进行信用担保，这一制度为中小企业实现直接融资开辟了道路。担保费用为年利率0.75%（有抵押）和0.85%（无抵押）。担保额度为4.5亿日元，如果加上一般担保和无抵押担保，最高担保额度为5亿日元。

④成立中小企业互助基金。日本政府设立的中小企业互助基金还是有一定的特点，它一般采用会员制，带有互助基金的性质。如，日本的小企业“自有钱柜”，入会企业可以随时从中得到无息贷款，贷款额为入会费的10倍，不需任何抵押和担保。

7.1.4　韩国小微企业所得税优惠政策

7.1.4.1　小微企业总体情况

在韩国，《中小企业组织法》规定，小微企业指的是制造业、运输业人数不超过300人或总资产不超过5亿韩元，建筑业人数不超过50人或资产不超过5亿韩元，商业、服务业人数不超过50人或资产不超过5000万韩元，批发业人数不超过50人或资产不超过2亿韩元的企业。

当前，韩国中小企业总量占韩国企业总数的99.9%，经济价值占到国内生产总值的一半。韩国政府为了确保中、小、微企业有公平的经济发展空间，颁布相关法律法规，在《宪法》中就明确鼓励和保护小微企业发展，并出台《中小企业基本法》《中小企业创业支援法》《技术开发促进法》等系列法规法案。同时成立“共同成长委员会”，制定《中小企业固有行业指导方案》，规定中、小、微企业三个层级各自的经营领域。市场规模在0.1亿—1.5万亿韩元的企业被划分为中、小、微企业的固有行业①。韩国政府禁止大企业生产玉米油、辣椒酱、豆腐等产品，如违反规定，将给予高额罚款，让小微企业有公平竞争的机会。

7.1.4.2 小微企业所得税优惠政策

韩国为鼓励小微企业发展在所得税方面制定了一系列的税收优惠政策。

一是减免税。对小微企业实行“三免二减半”的税收优惠政策，即自营业之日起前3年免征企业所得税，后2年减半征收所得税。针对偏远地区兴办的小微企业，额外享受减免注册税和财产税的税收优惠政策。当小微企业出现资金债务过重运行困难的情况，政府可适当减轻其税收负担。2014年，韩国国税厅发布相关消息，为减轻中小企业税收负担，重点对餐饮住宿业、运输业行业及能够带领经济发展的游戏、电影等新兴产业年销售额不足1000亿韩元的小微企业实施免除税务等新的税收优惠政策。

二是鼓励创新和研发。韩国的《租税特例限制法》和《中小企业创业支援法》对技术密集型、风险企业以及创业培育中心事业者等在创业期实施税收优惠，对创业初期的技术密集型中小企业，从获得收益日算起，前3年免征50%的所得税，此后两年内再减征30%。对属于工程服务业、采矿业和制造业等小企业开展的发展与人力资源研究，企业支付的技术和人才开发费给予一定的法人税和所得税减免；小企业的研究与开发费用可得到15%的投资抵免。

三是鼓励投资。针对小微企业购进设备，韩国政府给予30%的所得税抵免优惠政策，符合相关标准的小微企业在年底时，可设立20%的等于资产价值可内抵的投资准备金，并可在税前扣除。除此之外，当中小企业出于还债目的转让不动产时，可享受免征让渡所得税、特别附加税的税收优惠政策。

7.1.4.3 立法方面和管理组织方面

（1）法律保障制度。韩国政府为小微企业发展颁布了专门法律，在国家《宪法》中就有鼓励和保护小微企业的条文，还有《中小企业基本法》《中小

① 李国洲．韩国如何扶持小微企业［EB/OL］．求是理论网，2013-03-04.

企业创业支援法》《技术开发促进法》等法案，都系统地制定了税收法规。

（2）政府机构支持系统。韩国于 1996 年设立中小企业管理局，旨在推动韩国的中小企业发展。在此之前，韩国中小企业振兴公团（SMIPC，一个非营利性自治组织）根据《中小产业促进法案》中的部分内容，负责在韩国开展中小企业发展项目。该公团已更名为小型企业公司（SBC，2005），现在仍然负责实施许多政府资助的中小企业计划。中小企业管理局有 11 个地区办公室，分布于韩国所有行政区划。7 个地区性分支负责实施项目，并设立了当地的联络处。

（3）便捷的中小企业社会化服务系统。韩国中小企业社会化服务系统重点是增强企业竞争力，尤其是制造业企业的竞争力。六个主要政策目标是：推动新兴企业发展和加强企业家能力；提供有效金融服务；为中小企业提供稳定的人力资源；加强中小企业市场进入能力；培养中小企业创新能力；促进风险企业的发展。为了简化企业设立程序，目前韩国已将以前需要完成的 53 项审批简化成一条龙的企业设立审批程序。

①促进新兴企业发展。在韩国，有多个项目致力于推动新企业的设立，尤其是鼓励年轻企业家，包括提供培训课程、设立商业俱乐部和在 5 所大学中为新兴企业设立试验性的研究课程。政府还通过减少规定和简化流程，消除过去影响新设立公司发展的障碍，以及建立新兴公司顾问机构来帮助新企业等方式为新兴企业提供更好的商业环境。中小企业管理局还扶持那些有能力为未来的企业家或新中小企业的创立者提供支持的大学和研究所进行企业孵化器的运作。这个项目设立的目的就是保证新设立风险企业的生存和发展。当前，大约共有 300 家企业孵化器正在孵化约 4000 家中小企业，这些企业在场地方面得到了扶持，同时这些孵化器还提供专家咨询服务、市场营销培训和其他支持。新兴企业课程针对的客户是潜在的企业家或新中小企业的设立者。目的在于改善他们的管理水平，提升新启动公司成功率。地方大学和专业研究所每年还提供约 100 次课程。

此外，中小企业管理局为大学中的企业家俱乐部提供经济支持来鼓励学生考虑将自主创业作为一个“职业选择”。目前，在 220 所大学中共有 520 个企业家俱乐部，学生会员数量达到 12000 人。BizCool 项目针对的是中学年龄段的学生，在 80 所初高中进行试点。大约有 20000 学生参与了这个项目，参加了许多案例教学，包括自我管理、企业设立、企业管理和融资。

②确保为中小企业提供稳定的人力资源供应。由于中小企业与大公司相比工作环境不佳而且福利较差，对年轻人缺乏吸引力。因此，一方面，据估计韩国共有 40 万年轻人没有工作；另一方面，中小企业缺少劳动力。为了增强中小企业的吸引力，韩国中小企业管理局实施了许多项目，包括一个旨在改善中小企业工作环境的项目，针对大学学生的实习工作计划，以及年轻人雇佣计划，其中包括在职培训。

为防止因中小企业同大企业间工资和福利待遇差距拉大，而导致中小企业人才向大企业流失，韩国还对过高增加工资或接收中小企业现职职工的大企业征收一定金额的补偿金，用于中小企业福利基金。

③提高中小企业市场进入的能力。为了增加在出口市场中韩国中小企业的数量（现在在所有中小企业中占 30%），同时使出口目的地（中国和美国）和出口产品（IT 产品和汽车）种类变得多样化，韩国政府通过出口管理公司扶持中小企业进入外国市场、帮助其获得国际认证以及向中小企业提供关于国际采购的信息。方式包括出口咨询和出口孵化器计划，例如“韩国最佳”计划，该计划旨在帮助中小企业培育海外市场。从中长期看，中小企业管理局计划通过按照地区和产品分类来选择和扶持一些出口管理公司，然后将它们建立成为一个为刚起步的出口型中小企业提供支持的体系。出口管理公司（EMC）负责向那些刚起步的公司提供关于海外市场研究、与外国公司谈判、寻找买家、执行出口协议、清关、货运、支付等专用信息。截至 2003 年，100 家中小企业在 9 家出口管理公司的帮助下已经获得 115 项总共价值 5. 65 亿美元的出口合同。

在韩国国内市场，1981 年设立了一个名为“强制购买中小企业产品计划”，该计划旨在通过强制政府部门在内部采购时优先购买中小企业产品的方式，以增加中小企业的市场机会。

④培育中小企业技术能力。旨在扶持中小企业进行创新的项目包括：中小企业技术开发支援项目（KOSBIR），该项目建议政府部门拨出其研发经费中的至少 5% 给中小企业；中小企业技术创新项目，该项目为那些能够进行自主研

发的中小企业提供不超过其研发经费 75% 的补贴。新技术采购保证：为了帮助新技术实现商业化，国立研究所委托中小企业研发新技术，并保证它们将在一段时间内购买运用该技术的产品。工业—大学—研究院合作计划：为了增强中小企业技术创新能力，大学和研究机构与中小企业进行合作，共同开发制造业技术。中小企业现场扶持计划：中小企业管理局为中小企业提供现场服务来帮助它们提高解决问题的能力。所提供的具体服务包括投资意见，关于法规问题的意见，确定和介绍可能的商业伙伴，帮助获得政府批文。评估中小企业数字化水平：政府每年对中小企业的数字化水平进行评估，以监测数字化促进政策的效果，鼓励中小企业加大数字化投资，以及在中小企业提高数字化的意识。创新型信息技术咨询：中小企业管理局选择一些大学或研究院按照中小企业具体的数字化程度分类来提供定制的信息技术咨询服务。制造业扶持项目：为了提高中小企业的生产力，中小企业管理局对中小企业进行扶持，帮助其实施制造业信息系统。

⑤鼓励风险企业。对于创新型风险中小企业的政策扶持始于 1996 年，当时设立了韩国创业版（Kosdaq）市场，而后又通过立法手段进行风险企业的推广。韩国官方数据显示，这些风险企业的数量从 1998 年的 2042 家增加到了 2003 年的 7702 家。未来的政策重心将是提高这些风险企业的质量和增强它们的竞争力，而不是着眼于数量上的增加。政府正在政策方面做出努力来便利风险企业的并购，以期望促成企业间的战略同盟、风险投资以及技术人员的更自由流动。其他扶持政策包括：a. 风险扶持项目。中小企业管理局为确定为风险企业的企业提供各种扶持，包括税收优惠和其他优惠条件。b. 海外扶持中心：政府挑选并指定那些有扶持海外风险企业经验的公司作为海外中小企业扶持中心，以帮助风险企业进入外国市场。c. 扶持风险资本和扩充投资来源：为了增加对该起步公司的投资，中小企业管理局正采取措施来扶持风险资本并且增加可用于投资风险行业的资源。d. 风险企业簇群。为了扶持培育区域性风险企业，韩国已经设立 24 个地区性风险企业簇群，这些地区都有大学或研究院，并且被划定为“促进风险企业发展区域”。

⑥厂房和孵化器。企业启动和孵化项目在韩国已有较长历史，旨在帮助潜在的企业家通过参加一段时间的企业启动和孵化中心，来克服启动阶段的困

难。这个项目面对那些设立时间不足一年和仍在启动准备阶段的企业。孵化中心提供设备支持、管理和技术扩展支持，以及金融扶持，例如较为标准化的孵化器模型。

7.1.5 德国小微企业所得税优惠政策

7.1.5.1 小微企业总体情况

德国作为欧盟成员国之一，目前采用的是欧盟委员会于2005年发布的企业规模划分标准，即通过人数、年营业额、资产负债表数来衡量（年营业额与资产负债表数符合其中之一就可）：企业人数不满50人，年营业额或资产负债表数不超过1000万欧元的企业为小微企业；企业人数不满10人，年营业额或资产负债表数不超过200万欧元的企业为微型企业。欧盟委员会2016年调查研究的数据表明，德国的小型企业占比为14.9%，微型企业占比82.2%①。德国的中小企业在经济中具有举足轻重的地位，在保持经济稳定、持久、快速发展中，发挥着重要的支撑作用。德国现有中小企业约370万家，占全部企业总数的95%，提供了70%的就业机会，全国中小企业雇员2000万，占就业总人数的78%；投资占全国总投资的46%；所创造的价值占全国国内总产值的75%，所交纳的税额占全国税额的70%。

7.1.5.2 小微企业所得税优惠政策

德国公司所得税在历经几次改革后，规范了税收制度，目前在鼓励小微企业发展方面特殊政策主要有：

一是减免税。德国对于小企业销售收入或营业额在一定数额以下的，给予免缴企业所得税的优惠；对新办小企业属于动产投资列入成本所获得的盈利，减半征收公司所得税。

二是加速折旧。德国政府对于进行动产投资而净资产没有达到24万马克，同时注册资本没有达到50万马克的小微企业将会给予相应20%的附加折旧。对于小企业投资购买的机器设备可在5年内折旧完毕。

三是延期纳税。德国政府针对纳税有困难的小微企业相应地提供了8个月

① 李乐．促进我国小微企业发展的财税政策研究［D］．首都经济贸易大学，2018.

的纳税宽限期。

7.1.5.3　扶持政策和立法方面

为了促进中小企业快速发展，实现社会充分就业，德国政府和社会各界高度重视中小企业工作，经过几十年的持续努力，形成了一系列的法律法规、扶持政策和促进措施。中小企业服务体系也日趋完善，逐步形成了以政府部门为龙头，半官方服务机构为骨架，各类商会、协会为桥梁，社会服务中介为依托，为中小企业提供全方位、系统性的有效需求服务，形成了颇具特色的社会化中小企业服务的组织机构框架和网络，并取得了显著成效。

（1）完善立法、健全相关政策促进企业发展。德国联邦政府、州政府等有关部门制定的促进中小企业技术创新和生产经营活动的政策措施，都是通过立法并以法律法规的形式加以保证。促进中小企业发展的公共财政政策、金融政策、税收政策以及相关公法和民商法构成的法治系统相当完备。尽管在联邦层次上德国没有专门的中小企业法律，但在相关法律中，涉及促进中小企业发展的法律和政策规定比较健全，而且绝大部分州都制定了中小企业促进法。这些法令主要调节企业在社会福利、劳资合同、税收、竞争等领域的活动，为中小企业的发展起到了积极作用。

20 世纪 50 年代，联邦政府的中小企业发展政策主要集中于一点，即把它作为一支最重要的力量推动自由竞争局面的形成。如 1957 年制定了《反限制竞争法》，1958 年建立了联邦卡特尔局，以此对企业的经济行为进行裁决。《反限制竞争法》的实施对保护中小企业利益，促进自由竞争具有划时代意义。

20 世纪 70 年代的两次世界性经济危机，使联邦政府清楚地认识到中小企业在技术创新和技术进步方面的巨大优势，特别是它在不利的经济环境中所表现出来的旺盛的生命力。所以政府在此期间对中小企业的发展实行了经济上综合开发的政策，从各个方面采取一系列政策措施继续扶持中小企业的发展：①继续执行反对限制竞争的经济政策，并于 1974 年又一次对《反限制竞争法》进行修订，进一步明确提出禁止大企业签订卡特尔合同，以培养与大企业垄断进行抗衡的力量；②调整政府的信贷政策，积极向中小企业提供长期低息贷款；③制定中小企业发展的规模政策，通过制订《改革中小企业结构的基本纲领》引导中小企业建立合理的企业规模结构；④为适应技术革新的需要，联邦政府专门为中小企业制定了一些相关的技术支持政策，如1977年制定的《联邦政府关于中小企业研究与技术政策总方案》以及1978年颁布的《中小企业研究和研制工作基本设想》，从资金来源与定向使用上为中小企业的技术进步指明了方向，并直接以补助形式将专门资金发放到各中小企业。

进入20世纪90年代以来，德国促进中小企业发展的主要政策和举措有：①促进新企业的建立和小型企业的发展：德国提前实施的税改大大减少了中小企业的负担，80%多的中小企业都可以直接从所得税的降低中获利；2003年底至2004年初德国颁布了两项法律，对于工业规定（HWO）进行了根本的改革，重点是促进手工业行业的就业和培训，方便新企业的成立和企业收购，以消除工业中存在的结构危机。②保障中小企业的资金支持：合并中小企业银行和复兴信贷银行，并在此基础上成立复兴信贷银行集团旗下的复兴信贷联邦中小企业银行，自2003年9月1日起所有针对企业创建者以及中小企业的贷款项目被整合为“企业家信贷”项目，从而简化促进了信贷款项的发放，仅在2004年上半年中小企业银行承诺发放中小企业贷款项目总额就达27亿欧元。③推动职业培训：企业技术创新的背后是人才的创新，因此促进中小企业人才创新是联邦经济部的重要任务。此外，德国政府为中小企业制定了技术扶持政策，如“联邦政府中小企业研究与技术改革总方案”“中小企业研究和发展工作的设想计划”等。

（2）金融支持提供发展动力。德国政府对中小企业的金融支持始终遵循两条基本原则：联邦性和辅助性。联邦性是事权和财权一致性原则，经济发展是各州的事权，对中小企业的金融支持与各州的财权相一致，专项资金的大部分应由各州负责筹措和运作，从各地的特点出发，不搞联邦统一模式。辅助性是帮助而非替代中小企业自身的努力，针对中小企业的实际情况，提供“创业金融支持”和“发展金融支持”。“创业金融支持”是政府为鼓励开业而向创业者提供的长期的、不要偿还的补助，实际上相当于企业的自有资本，以此来扩大新开企业的“责任资本基础”。符合并能满足一定条件的新创建企业可以获得这样的补助，联邦和各州制定广泛的积极支持中小企业创业开业的计划，如联邦政府的“自有资本资助计划”资助的项目、联邦和州政府为改善地区经济结构计划的“共同任务”项目、“劳动促进法”的资助项目等。“发展金融支持”主要是对“跃进投资”即风险性高科技中小企业的资本参与，包括对这类企业创业借贷资本的利息补贴和计划失败后损失的补偿。

为促进中小企业的生存和发展，政策规定中小企业如扩大生产、进行合理化调整或转产，可以得到银行贷款。一般情况下，贷款期为10年，建筑业为15年，最高利息为8.5%，前两年不计利息，贷款限额为30万马克。对于环保和高科技产业的贷款利息为7.5%。贷款期限为10年，限额为100万马克，或占其投资总额的1/3，前2年不计利息，特殊情况贷款年限为20年，前3年不计利息。

为保证新产品、新工艺的生产，减少投资风险，中小企业可以从银行得到投资担保资金，金额为150万—200万马克，特殊情况（如环保和节能产业）可以达到500万马克。为促进中小企业的产品出口，联邦和各州政府为中小企业提供优惠短期和中长期出口信贷和信贷担保。

为了解决中小企业贷款难问题，德国中小企业银行通过欧洲复兴计划的自有资本援助项目和创业援助项目，帮助自主创业者和新建企业（创业后3年）获得类似于自有资本的资金。贷款金额为4万马克，前2年可以免付利息，从第3年开始利息为2%，第4年开始利息为3%，第5年利息为5%，5年后按市场利率计算。它的主要特点是：不需要抵押；不改变企业的所有权结构；如果企业破产，放贷人的权益在其他债权人之后。最大的好处是它在企业的财务报表中可以作为自有资本来看待，因此使企业的资质和融资结构有很大的改善。

（3）为企业创新提供保障。在技术创新中，多数中小企业研究开发投入能力有限，创新能力受到制约。因此，德国的各种合作研究机构、高等院校，都是以中小企业作为技术成果转让的对象，并提供咨询与信息服务的。德国政府通过资助建立技术开发中心和科技成果转化中心，帮助中小企业开发新的技术和产品。

建立技术传播网络。首先，在国家层面，成立了“德国研究、技术和创新委员会”，其任务是弄清当今世界和本国运用最新技术的情况、存在的问题和可能采取行动的领域，并提出相应的建议。通过扩建科研网络，把高等院校和科研机构联成一个高速运转的整体网络，大大改善科研工作的信息基础设施条件。其次，各种工业团体，包括工业联合会和同业公会、工商联合会和地区性技术转让中心和创新中心，都进行着有效的、迅速的技术传播，传播的方式主要有咨询服务、开拓技术经纪业务、出版物等。这种快捷有效的技术传播系统可使创新成果被急需的企业直接获得，使企业获得和使用信息的成本大大降低。

为提高中小企业科研、技术开发和技术革新的能力，使现代化的先进技术尽快投入生产，使产品尽快达到国际市场所要求的技术水平，德国建立了 160 个技术研究协会，其中 50 个在德国东部。联邦科技部设立每年 6 亿马克的“小型技术企业参与基金”，为中小企业参加高新尖技术研究和新产品开发提供贷款，而且企业人员和专业研究人员可以到企业工作一段时间。为增加资助，促进成果转化，对资金短缺的中小企业，德国政府在 1978 年制定了专门资助中小企业技术进步的方案，迄今为止已有 2 万多家中小企业得到政府的科技资助。为了加快科研成果向中小企业转移，使技术开发具有更强的针对性，提高科研成果转化的效率，德国政府采取一系列资助措施，鼓励企业尤其是中小企业与科研机构开展合作开发活动。

德国政府一般采用合同研究资助，委托研究资助和科技咨询资助等方式推动中小企业的改造和技术进步。1982 年，德国政府根据硅谷经验，结合本国的实际情况，制定了新技术创业企业的促进规划，把建立技工贸金融四位一体的高新技术群落作为发展科技经济的一项重要战略措施。在联邦和州政府、工商会以及国家银行的合作下，60 多个有特色的“硅谷”很快建立起来。为了加快高校科研成果商品化和产业化的速度，密切高校与企业的关系，自 1983 年起，德国政府还采取专项投资的办法在全国范围内建立了 80 多个科技中心或创新中心，建设中心的费用由政府、国家银行和企业共同承担，同时通过联邦和各州的研究机构、大专院校、各类商会和协会、技术开发和转让中心以及质量与标准管理部门，为中小企业提供新技术发展态势、市场供需以及预测、新产品研发和产品质量鉴定等方面的服务。许多城市都自己筹资建立开发区、创业园区等，吸引科研机构、大学及社会力量入园，孵化创新型中小企业。

7.2　发展中国家小微企业所得税优惠政策

7.2.1　印度小微企业所得税优惠政策

7.2.1.1　小微企业总体情况

印度小微企业生产总值、数量逐年上升，为当地的经济发展作出了巨大贡献，这与政府部门颁布的一系列从里到外的扶持政策有很大关系。印度为保障小微企业前期的发展，提升竞争力，施行了全国制造业竞争力计划。该计划拟支持小微企业自主创新，提升产权保护意识，促进小微企业技术升级，提供质量认证服务等。为加强政府与小微企业的沟通，2009 年，由印度总理领导的中小微企业专案组正式成立，专门听取中小微企业对于未来发展的建议以及发展中的困难，共同谋划发展新格局，此外，印度政府还为准创业者提供培训项目，包括研究开发培训项目、技能提高培训项目等。

7.2.1.2　小微企业所得税优惠政策

一是减免所得税。印度政府对通过认证的研发机构从事研发取得的收入再用于研发的实行免税政策。对于长期风险投资者对中小企业的投资利得及红利收入也全部免税；营业收入超过 1000 万卢比的居民企业在缴纳企业所得税之外，还需要缴纳 5% 的附加税，且再以企业所得税和附加税为税基，按 3% 的税率缴纳教育费附加，这意味着营业收入不超过 1000 万卢比的小微企业将享受税收优惠，不需要缴纳其他税款。

二是税收扣除。若自主创新企业承担国家计划的研究项目，其开支费用可抵扣 125% 。在创办初期，小微企业的开办费用可以在 10 年内摊销，研究开发费、除土地投入以外的资本性支出允许 100% 加计扣除，而与政府合作的创新型项目的研发费用可以 200% 加计扣除，企业如果连年亏损，其亏损额允许向后结转 8 年抵扣，新员工前 3 年工资的 30% 可以加计扣除①。

三是加速折旧。企业支付的研发费用可全额税前扣除，如果购买本国的设

① 唐婧妮．促进小微企业发展税收政策的国际借鉴［J］．涉外税务，2012（10）：41 -43.

备，其40%的部分可实行加速折旧。

四是给予额外补贴。根据各邦的不同情况，印度政府给予投资到经济落后地区的企业，10年免税，50%—90%的运费补贴等优惠，投资额超过2.5亿卢比的项目还另外享有特殊的投资补贴、利息补贴。

7.2.1.3 相关法律体系的建立和融资扶持方面

2006年6月，印度政府出台的《印度中小企业、微型发展法案（2006）》，对印度中小微企业的繁荣发展意义重大，影响深远。该法案首次定义了中小型企业，明确了划分标准，并且制定了各邦间的磋商合作机制和基金项目，以保障小微企业在创业初期的发展为目的，改进信贷政策。另外，印度的税收立法权和征税权主要集中在中央政府，地方政府只负责少量税种的征收。

经过多年的发展，印度逐步形成了以小工业开发银行为代表的政策性金融机构为主，政策性信用担保机构与政府投资基金为辅的中小企业融资体系。印度的小工业开发银行是由印度政府设立、联合其他金融机构，专门扶持与开发小型工业部门的专业银行，主要职责是向中小工业企业提供各类贷款，对小规模工业进行开发与促进，增加其市场竞争力，其贷款利率大大低于市场同期商业贷款利率。小工业开发银行设立了技术开发与现代化基金，其目的在于直接为中小企业更新生产设备、升级技术提供资金支持，促进产品出口。为了解决由于缺乏第三方担保而导致银行对中小企业放贷不积极的问题，印度设立了小规模工业信用担保基金，有效促进了商业金融机构对中小企业放贷的积极性。

7.2.2 巴西小微企业所得税优惠政策

7.2.2.1 小微企业总体情况

在巴西，微型企业指的是那些员工不足20人、年纯利润不超过7万美元的企业；小型企业的员工数量则在百人之间、年销售收入不超过70万美元。据巴西地理统计局的数据，2014年巴西全国创业人口比例达到新纪录的34.5%，全国约有620万个小微企业，在2001—2011年创造了600余万个就业岗位，提供的就业岗位占全国城市就业总量的50%以上。巴西小微企业占企业总数的99%，占雇员总数的60%，创造GDP占20%。巴西中小企业多数是贸易型、服务型企业，小微企业正逐渐成长为巴西经济发展至关重要的动力源。目前巴西国内已初步具备了较为完善的小微企业成长环境，并在一定程度上保障了它们发展所需的技术和资金，巴西小微企业的发展对巴西的现在和未来都至关重要。

7.2.2.2　小微企业所得税优惠政策

在经济发展的不同时期，巴西政府制定了特殊的税收扶持政策。例如，在全球经济危机之时，巴西政府将所得税优惠范围扩展到客货运输、加工制作等行业。这一优惠政策的施行，虽然使政府的财政收入减少了130亿雷亚尔，但是降低了小微企业的生产成本，帮助小微企业渡过了难关。

对营业额大小不同的小微企业，适用于级次不同的优惠政策。巴西对于小微企业的税收优惠分为两个档次，营业额小于6万雷亚尔的小微企业，都免交包括公司所得税在内的六种税，且下调工龄保障基金税和服务税的税率，设置应缴税款上限。但营业额不超过3.6万雷亚尔的小微企业与营业额介于3.6万—6万雷亚尔的小微企业相比，在其他税种的缴纳上，适用更低的税率。例如，营业额为5万雷亚尔的小微企业按1.8%的税率缴纳社会保障税，工龄保障基金税率由8%下调为0.6%，而营业额为2万雷亚尔的小微企业按1.5%的税率缴纳社会保障税，工龄保障基金税率由8%下调为0.5%。此外，巴西对研发费用设置加计扣除的所得税优惠政策，扣除比例为160%—200%，当企业实际雇佣的研发人员有所增加，该企业研发费用加计扣除的比例可以随之调高。具体规定为，一般情况下，享受160%扣除比例；企业年度雇佣研发人员数量新增5%时，扣除比例增至170%；超过5%时，扣除比例增至180%；当企业申请及注册专利时，可额外享受20%的加计扣除。研发购进资产允许在购置年度一次性扣除①。

7.2.2.3　税收征管方面

2006年12月14日，巴西政府颁布了《微型和小型企业法》，并于2007年7月1日开始施行。该法规定对小微企业核定征收“超简单税”，即一次综合申报企业所得税、工业制成品税、雇主社会保障费、商品流通服务税、社会一体化税、公务员资产税等八个税种税收。“超简单税”的纳税人分为两类，

① 周越．我国激励研发的企业所得税税收优惠政策研究［D］．首都经济贸易大学，2016.

年收入不高于24万雷亚尔的企业定义为微型企业，年收入不高于240万雷亚尔的企业为小型企业，税负为4%—22.9%不等①。纳税人统一申报后，由联邦、州、县（市）对税收进行分配。为了方便纳税人，巴西政府还制定了“小微企业赋税支付整合系统”，加入该系统的小微企业可以每月一次性合并缴纳多种税费，大大降低了征税成本，简化了申报和缴税程序，实现了人力、物力和财力的效率最大化。

除此之外，小微企业注册十分方便，通过网络一般10分钟可以注册完成。纳税申报全部在网上进行，通过Simples Nacional系统进行申报，纳税人只要输入收入额，系统会自动确定征收率，并计算出税款。对于小微企业财务管理制度的不安全性，和对税收优惠政策了解不多的弱点，巴西政府及税务机关有针对性地提供前置式提醒服务，通过数据信息系统识别风险点，帮助小微企业享受更多税收优惠的同时，降低涉税风险。

7.2.3 俄罗斯小微企业所得税优惠政策

7.2.3.1 小微企业总体情况

中小企业是俄罗斯经济和社会中一个巨大的水库，俄罗斯国家税务机构已经实施了中小企业和个人创业者登记册。根据当前数据显示，俄罗斯现在拥有5500万个中小企业和个人创业者实体，其中包括2600万个法人企业，2900万个个人创业者，中小企业和个人创业者共计拥有1650万个工作岗位，中小企业从业人数约占全国的25%，产值约为GDP的20%②。

对于中小企业，历史上俄罗斯有4次通过法律法令的形式，从就业人数、行业类型、固定资产账面值、营业额等方面，对其范围进行明确规定。其中在1995年6月颁布的《俄罗斯联邦国家支持小企业法》中，定义小企业主体可以是私人企业或由私人控股的公私合营或集体合营的法人企业或非法人企业。在2007年7月24日颁布的《俄罗斯联邦发展中小企业法》中，将小企业分为3个等级：员工人数少于15人的为微型企业，不足100人的为小型企业，不

① 潘雷驰、孙斌．巴西税收征管信息化程度高［N］．中国税务报，2014－3－12.

② 唐朱昌．俄罗斯中小企业发展相对缓慢的原因［J］．俄罗斯中亚东欧研究，2012（2）：36－42.

超过 250 人的为中型企业。2013 年 1 月 9 日颁发的《中小企业商品销售收入额定法》中规定：收入额不超过 6000 万卢布的为微型企业，不超过 4 亿卢布的为小型企业，不超过 10 亿卢布的为中型企业。2015 年 7 月 17 日，俄罗斯总理梅德韦杰夫在内阁会议上签署法令，对俄罗斯根据收入划分的企业限定标准进行了重新界定，对微型、小型和中型企业的定义分别为剔除增值税年收入不超过 6000 万、4 亿和 10 亿卢布。

7.2.3.2　小微企业所得税优惠政策

为提高中小企业创新积极性，俄罗斯政府给予中小企业的所得税税收优惠政策主要有：

一是实行低税率。2008 年 11 月 21 日，俄罗斯国家杜马通过了《税法典》修正案，并于 2009 年 1 月 1 日开始实施。按照该税法，将企业利润税税率从 24%（其中，联邦占 6.5%，地方占 17.5%）降至 20%（其中，联邦降至 2.5%，地方不变），允许地方政府将企业利润税税率再自行下调 4 个百分点。其中中小企业可适用 13% 税率，小商业适用 6% 的低税率[①]。

二是给予所得税减免。俄罗斯对初创企业实施 2 年免税期；中小企业在使用技术发明、先进模型、育种成果、集成微电路技术时，从使用之日起，在不超过指定先进技术产品特权期限的情况下，减少对使用先进技术产品所获得利润所得税的征收；2013 年对小型企业实行新的税收系统，员工不超过 7 人的个体企业可免除 3 项税收：法人所得税、财产税和增值税。新税收系统涉及 47 项经营活动，包括零售、小型维修、理发服务、公共餐饮、房屋出租等，税费减免有效期为 1 个月到 1 年。为了调动地方的积极性，俄罗斯还允许地方政府自行决定对小微企业提供税收优惠。

三是对中小型企业推行税务简化制度。符合条件的纳税人缴纳统一税，以取代传统税收制度需缴纳的一系列税收。统一税的缴纳者为企业或个体经营者。《税法典》规定，纳税人可自由选择按照简化税制或普通税制。按简化税制纳税的纳税人必须符合 4 个条件：提出由普通税制申请变更为简化税制的当

① 鞠铭．从国际经验看我国研发活动企业所得税优惠政策的完善［J］．税务研究，2017（12）：35－39.

年，9个月内的销售收入少于4500万卢布；员工人数不超过100人；其他各类组织参股比重不超过25%；操作系统中剩余资产不超过1亿卢布。按简化税制纳税的法人纳税人不再缴纳企业利润税（除缴纳股息及个别类型债务交易）、组织财产税、增值税（不含进口环节增值税，同时也除俄罗斯税务法典第174条第一项上描述的增值税外），非法人纳税人无须缴纳自然人所得税、自然人财产税和增值税（不含进口环节增值税），而是统一以收入或减去支出后的差额为课税对象征收统一税①，其余税收需照常缴纳。税率上，如果征税项目是全部收入，税率则为6%，并最大限度简化税务登记；如果课税对象选定的是净收入，即收支相抵后的差额，税率则为15%，但是不同联邦主体可以立法的形式将税率差别控制在5%—15%。企业及个体户如过渡到简税制的使用，需在日历年12月31日前按注册地址递交申请到税务机关，如果在下一年计划使用简税制，在申请中应指出所选的税收项目，固定资产净值及进款数目。新成立的企业及个体户有资格申请转换到简税制的，不晚于税务机关注册后的30个日历日，可以自注册之日起使用简税制。

7.2.3.3　出台了一系列法律规定

俄罗斯中小企业的立法，是随着俄罗斯中小企业的发展逐步建立与完善的。从1992年起，每年都有若干个相关法律文本颁布，仅1996—1997年就有40多部涉及中小企业发展的法律文件出台。普京上任后，曾经亲自委托政府制定中小企业发展战略，目标是使中小企业总产值占GDP的50%以上，先后通过了2007年5月的《反垄断法》和2007年7月的《俄罗斯联邦发展中小企业法》等重要法律文本，更为中小企业的市场地位、准入标准和全社会对中小企业的支持提供了重要的法律依据。《扶持和发展小企业国家政策构想》涉及了针对扶持中小企业的政策，有如下8项：提高中小企业人才素质；给予适当的税收减免，简化税制；提供财务信贷支持；提供信息支持服务；鼓励其不动产；强化中小企业税收立法工作；提供公平的竞争环境；政府机关必须为中小企业的发展保驾护航。

梅德韦杰夫总统在任时期，对中小企业的发展也十分重视，确立了未来中

① Ministry of Finance of Russia Tax Policies［EB/OL］. https：// www. nalog. ru/ eng/.

小企业发展重点，依托汽车制造、飞机制造等行业，不断减少政府限制和壁垒，强化中小企业基础设施建设，提供创业培训和规划，等等。

7. 2. 3. 4　鼓励创新和资金支持方面

一是积极采取措施解决中小企业融资难。为解决中小企业的融资难题，增强企业发展后劲，俄政府成立了中小企业联邦公司用来向其提供金融和非金融性的支持。中小企业可通过该公司的担保以 11% 的年利率获得贷款，中型企业可获贷款的年利率为 10%，还可提供 1. 25 亿卢布限制额度的特殊贷款支持，为保障提供优惠的贷款，这一额度还在不久前进行了调整。另外，对中小企业贷款担保支持的途径不断扩大，中小企业既可通过中小企业联邦公司框架下的支持中小企业的银行进行担保，又可通过大型银行，包括国有银行和私人银行进行担保。此外，俄罗斯还建成 7 个租赁中心，为使这些中心能够为中小企业提供获得高新技术设备的可能，取消了对小企业初始财务条件的限制。

二是加大对创新型中小企业的扶持，提升企业竞争力。近几年来，在各级政府的大力支持下，俄罗斯中小企业服务基础设施网络已初具规模，已建成数千个基础设施项目，其中包括众多科学技术园、小企业孵化器、地区出口支持中心、工程中心等向中小企业提供专业性和综合性服务，而这些园区往往与高等教育机构或者科研机构合作，为专门从事科技创新的企业提供了良好的基础设施。

为给中小企业创造良好的经营环境，俄罗斯还采取了包括税收政策、关税率、政府采购、支持企业参加国际展览会等一系列措施改善中小企业的经营环境，俄经济发展部还制定了“以优惠价格向小企业租赁国家资产的决定”。

7. 2. 4　越南小微企业所得税优惠政策

7. 2. 4. 1　小微企业总体情况

根据越南中小企业发展计划显示，2011—2015 年，越南新成立 35 万家中小企业，到 2015 年全国中小企业数量达到 60 万家，产值约占 GDP 的 40%，占国家财政收入的 30%。在越南，中小企业是资源最有效的使用者，中小企业创造一个工作岗位需要投资 800 美元，而大型国有企业创造一个就业机会需要投资 18000 美元。中小企业对越南就业的贡献巨大，为全国 25%—26% 的劳动力提供了工作岗位。

1998 年 6 月，越南政府将经营资金不超过 50 亿越南盾，且年平均职工数量少于 200 人的企业定义为中小企业。2001 年 11 月，越南政府又对小企业重新定义："中小企业是按现行法律进行注册，且注册资金不多于 100 亿越南盾或年平均职工数量不超过 300 人，能够独立进行生产经营的企业。"随着社会和经济的发展，越南政府针对这两个规定作了进一步调整，对于中小企业的界定标准可以根据各地方、各行业的经济状况在此范围内灵活选择职工数量及注册资金标准。因此，进一步细化中小企业的标准：职工人数不少于 50 人，资金总数不超过 10 亿越南盾的企业为小型企业，职工人数为 51—300 人，资金总数为 10 亿—100 亿越南盾的企业为中型企业。

7. 2. 4. 2　小微企业所得税优惠政策

为了鼓励中小企业的发展，越南在公司所得税方面采取了各种优惠措施：

一是实行低税率。2008 年越南企业所得税率一般为 25%，2014 年普通税率为 22%，2016 年 1 月 1 日起税率下降为 20%，对于总收入不超过 200 亿越南盾的企业，优惠税率由原来的 20% 减至 17%。无论普通税率还是优惠税率，都有逐步降低的趋势，这体现了越南政府减轻企业税负及支持中小企业发展的决心。

二是税前扣除。越南税法规定，公司所得税应纳税所得额为可纳税收入减除科技与技术发展基金，扣除数额为应纳税所得额的 10%。少缴的税款依法规定专门用途，如果在 5 年内，科技发展基金的使用额未超过 70% 或未被正当使用，企业则要补缴少缴的税款，这对提高小微企业的科技竞争力具有积极意义。

三是减免税。符合条件的下列企业所得享受在 15 年内按优惠税率 10% 征税，最多免税 4 年，在未来 9 年减半征税的政策：企业按照高科技法律投资的项目的收入；对优先发展的高科技项目进行风险投资取得的收入；投资建设、经营高科技机构；从事生产领域实施新的投资项目（生产要缴纳特别销售税的商品项目，采矿类工程除外）的收入必须满足投资资金不少于 6 万亿越盾或者 3 亿美元，从领取投资许可证起，支付不超过 3 年，以及总收入每年不少于 10 万亿越南盾的条件。小额信贷机构实行 20% 优惠税率，企业在工业区实施新投资项目取得的收入 2 年内免税，在未来 4 年减半征收税款；对于在经济社会困难地区转让技术取得的所得，减半征收企业所得税。减免期限是从取得应税所得的年度开始算起，即如果企业前 3 年一直未盈利，那么才从第 4 年开始计算企业所得税。

为缓解经济衰退，2009 年越南政府在原有的税收优惠政策的基础上，又进一步加大了税收优惠力度，通过降低中小企业利率，来刺激小企业的发展。在 2008 年第四季度和 2009 年全年企业所得税减征 30%，一定程度上解决了中小企业资金周转难的问题。

7.2.4.3　相关的扶持政策方面

越南着力优化企业发展环境，特别是在行政审批等方面进行了卓有成效的改革，并成立了专门服务于企业的政府机构，推动私营中小型企业的发展。在法律上，越南政府颁布的《公司法》和《私营企业法》，在促进中小企业萌芽上起到了极大作用。为了适应新的经济环境，越南 2000 年制定了新的《企业法》，对之前的法律作出了一系列重要补充。主要补充有如下三点：一是按组织经营类型划分企业，使得政策扶持对象更加清晰化，有利于政府对经济进行宏观调控；二是规定一个人也可以成立有限公司，一方面给予投资者更多的选择权，根据自身情况自主选择企业类型，另一方面也降低了中小企业的准入门槛，推动了中小企业数量的增长；三是对程序的简化，缩短从申请到颁发经营许可证的时间，节省了中小企业的时间成本。2001 年越南又制定了中小型企业支持条例，2006 年《通用投资法》生效，此外，颁布了《2001—2010 十年社会经济发展规划》《2006—2010 五年中小企业发展方案》《国内投资法》《国外投资法》等。这些法律的实施，为越南国内中小型企业争取公平的竞争环境提供了前提和基础。

在政府机构方面，2001 年专门成立了协调中小企业发展的国家中小企业机构，后改为中小企业促进司，并成立了中小企业协会以此来帮助中小型企业的发展。

在服务方面，越南通过与外国合作，设立基金等形式，为中小企业提供贷款或补贴。特别是 2007 年金融危机以来，越南积极采取经济刺激计划，降低利率或者为企业提供低息贷款，中小企业 2008 年第四季度和 2009 年全年所得税减征 30%。这些政策的实施为中小企业应对金融危机提供了有效的支持。

7.3 经验借鉴与启示

各国政府都极力通过积极有效的税收政策，营造有利于中小企业生存发展的税收环境，加大税收对中小企业的支持力度，促进中小企业的成长。纵观各国政府促进中小企业发展的税收政策，基本呈现以下几个方面的特点。

7.3.1 促进中小企业发展的划分标准要与时俱进

为了提高政策的导向性和针对性，各国对中小企业都进行了明确界定，界定标准依据本国情况分别确定。美国根据行业的不同进行划分：有的行业以收入为标准，有的以雇佣员工人数为标准，还有的行业以资产规模为标准；法国是将营业额、雇员和股权持有份额等结合起来进行判断；日本是将产业、注册资金和员工等条件结合起来进行划分，不同行业标准不同；韩国是将产值和员工数量结合起来判定；俄罗斯是根据员工数量和收入两个指标；越南则是将经营资金和员工数量结合起来进行划分，不再分行业。值得一提的是，这些国家具体划分标准的数字指标不是一成不变的，随着经济的发展，划分标准的数字相应调整，以满足中小企业发展的需要。

7.3.2 促进中小企业发展的税收政策制定要具备刚性和系统性

各国中小企业的税收政策，大都以议会通过的法律或者法案的形式，明确中小企业的税收政策，增强了其政策执行中的刚性，效力能够得到充分发挥。中小企业税收优惠政策通过立法机关制定或批准，在一定程度上增强了其系统性、稳定性和延续性，这也是税收法定原则的基本体现。一方面，如果一国施行了简化征税办法，往往涉及多个税种，为此从法律法规的层次来支持此措施的施行就很有必要。另一方面，在制定税收优惠政策时，通过法律明确界定优惠的范围、标准及金额，严格优惠政策的执行程序。既能使更多小微企业自行判断是否可以享受公司所得税税收优惠、让征纳税过程有法可依，又防止了不法分子滥用税收优惠而造成税款流失。因此，对小微企业所得税的优惠政策以法律形式确定，有利于提高征纳税双方在实践过程中的操作性，也体现了政府对小微企业的重视。

7.3.3　促进中小企业发展的税收优惠措施要具备导向性

各国在充分认识中小企业的重要作用、深入了解其自身特点和所处环境的基础上，保证相关的税收政策做到有的放矢，使中小企业真正成为相关政策制定的出发点和受惠者。如各国通过实施低税率和减免税，吸引多种资本，特别是民间风险资本对中小企业的投资，拓宽中小企业融资渠道，解决中小企业发展中融资难的问题；各国非常重视和鼓励企业的创新和技术研发，对新技术、新能源等企业给予更特殊的优惠，并把税收优惠的重点集中在研究开发上，对研发支出的优惠方式多种多样，涉及规定研发费用使用下限、研发费用加计扣除、研发费用税收抵免等优惠方式，优惠力度逐步加大。通过加大税前扣除和抵免力度，鼓励中小企业技术创新和科技成果转化，以实现社会经济的可持续发展；通过给予特殊优惠政策，鼓励中小企业吸引劳动力，解决社会就业问题；通过实施区域差别优惠，加大对经济欠发达地区中小企业发展的扶持力度等等，在培育中小企业经济发展的同时，也体现出国家经济宏观调控的导向性。

7.3.4　促进中小企业发展的税收优惠手段要呈现多样性

国外在制定小微企业所得税优惠政策时，采取直接与间接优惠的“事前激励”，调动经营人的积极性，帮助小企业渡过难关，鼓励小企业发展壮大。各国在制定优惠政策时，会综合考虑小微企业从创办到退出的全过程，采取了低税率、税收减免、税前扣除、加速折旧、再投资抵免、盈亏相抵等多种直接优惠和间接优惠政策，且不以盈利为前提，符合多数小微企业亏损的现实，使得企业只要处于生产经营状态，就能享受优惠。

在税收优惠手段的选择上，既包括有长期的低税率措施，定期的减免税优惠，又包括加大税前成本费用的扣除力度，投资、再投资的抵免额度；既包括以企业所得税为主体的优惠政策，又包括个人所得税、营业税、财产税、综合土地税等多税种的辅助优惠政策。优惠手段的多样性增强了中小企业的税收优惠的可选择性，为中小企业发展提供更强有力的支撑。

7.3.5 促进中小企业发展的税收服务方式要把握实效性

税收政策的制定和调整需要考虑到可能给税收征管带来的问题，应尽量避免出现税收征管不可控或难以操作的问题。大多数发达国家都十分注重对中小企业的纳税程序优化和税收服务建设，为提高中小企业竞争力，减少政府干预，多数国家成立专门的中小企业管理局，采取简化税制和简化中小企业的征管程序和纳税办法，提供税收服务，减轻税收处罚和缩短税务检查时间，以降低纳税人的奉行成本，提高税收征管效率。

复杂的税制，会增加征纳双方的成本，还会加重小微企业的税负。从国际经验来看，无论是发展中国家还是发达国家，大多以简化税制、简化征管为目的，在制定企业所得税税收优惠政策时，往往涉及流转税、财产税等税种的优惠，各个税种互相配合，互相协调，形成统一整体，给予小微企业多方面、多层次的优惠。许多国家在以法律形式确定小微企业的标准及应缴纳的税种的基础上，对于那些具有相同税基及课税对象或相同或相近的税种予以合并，再综合初步合并的税类，最终设计出一种具有汇总性质的税种。另外，许多政府，如巴西和俄罗斯等，还会赋予符合条件的小微企业选择按简易纳税办法或者按普通税制纳税的权利，使纳税人灵活选择计税方法。

为了提高征管的效率，多数国家采取简化记账、简化报税、延长纳税期限、整合税费支付系统等措施，以达到降低小微企业遵从成本和税收负担的目的。欧盟多个成员国都减少了中小企业纳税申报材料，减轻中小企业的行政负担，放松对中小企业的管制。法国建立中小企业税务托管机构，为中小企业提供比较全面的税收服务；德国政府规定年营业利润不超过 50 万欧元的企业可以采用收付实现制的记账方式，且不必提交资产负债表和损益表。日本推出“蓝色申报”制度，鼓励中小企业建账建制。这些措施有利于减轻中小企业的行政负担，降低中小企业的管理成本和提高税收征管效率。

7.3.6 促进中小企业发展的扶持政策要相互协调和配合

中小企业的发展在一国经济中发挥着重要作用，尤其在解决就业方面是主要的生力军，但是在市场竞争中，在融资、管理、占有率等方面处于劣势，往往难以与大企业抗争，从而成为各国政府激励的对象。为了提高政府的扶持效果，各国对于中小企业的支持是系统性的，包括完善的中小企业法律支持系统、健全的中小企业政府机构系统、高效的中小企业资金支持系统、完善的税收优惠政策以及便捷的中小企业社会化服务系统。因此，税收政策的制定不是孤立的，而是贯穿于中小企业的创办、发展、转让、对外投资等环节，与法律、财政、金融、价格等政策相互协调和配合，通过组合拳的方式，将政策的激励效果发挥最大。

7.3.7　结语

从以上的分析我们可以得知，各国根据各个阶段经济发展的状况和需求，审时度势，从法律层面上为小微企业制定优惠政策，使之具有连续性、预见性、实践性，可概括为“简化”“多样化”“低税负”“长期化”。在税率与税制方面，很多国家从多方面降低企业综合税负，采取简并税种，确定综合税率的方式，再根据原税种比例，合理确定中央与地方的收入分成；在税收优惠方面，大多数国家倾向于“事前鼓励”，采取间接优惠的形式，且多集中在研发支出的扣除上，以达到鼓励企业创新的目的。虽然政府对小微企业税收优惠的增多，会导致财政收入的减少，但从资金使用方面来分析，很多国家都是将暂时牺牲的财政收入投入小微企业的人才引进和技术创新方面。

第 8 章

完善我国小微企业税收扶持政策体系的对策建议

8.1 完善促进我国小微企业发展的企业所得税优惠政策建议

8.1.1 统一规范小微企业认定标准，扩大小微企业实际优惠范围

目前，我国税法和国家工信部对小微企业的认定标准上存在差异，扶持政策的步调不协调，缺乏针对性，也使得主管税务机关在落实相关税收政策时产生一些实际操作方面的困难。因此要明晰界定小微企业的标准。首先，建议调整《企业所得税实施条例》以及其他税种优惠政策中关于小微企业的认定条件，统一以年销售收入额及应纳税所得额为依据来明确税收优惠政策中的小微企业标准。这样一方面能让小微企业都能够无差别地真正享受国家税收优惠政策，另一方面也方便各级税务机关对小微企业税收优惠政策的执行，增强可操作性。打通企业所得税法与其他法律法规关于小微企业认定之间的壁垒，解决不同法律对小微企业认定上的差别问题，改变企业所得税法对小微企业认定过于简单的问题。这既有利于贯彻国家政策，也能够促进更多小微企业享受企业所得税优惠，进一步改善大众创业的税收环境。其次，降低小微企业的认定标准。目前企业所得税法实施条例从行业准入、应纳税所得额、资产总额和从业人数等四个方面认定小微企业，认定标准较为严格，导致小微企业所得税优惠

惠及面不广、减税程度较低和时效性较差。建议放宽小型微利企业的认定标准，放宽从业人数或者取消从业人数的限制①。工信部对小型企业的从业人员界定标准为 20 人以上，对中型企业的从业人员界定标准为 300 人以上，因此小型微利企业的从业人员标准可以在原来基础上（20—300 人）进行调整。鉴于小微企业多集中于劳动密集型的产业，从业人员较多，将从业人数限制过低，不利于部分小微企业享受税收优惠政策，进而不利于促进就业；从税收监管角度，小微企业的从业人员流动性较大，从业人数的变化呈现较大波动，不利于从业人数的核准。因此，在 2019 年税收优惠政策基础上，继续朝着小微企业标准统一化的方向努力。建议在应纳税所得额、从业人数与资产总额中选择从业人数与资产总额作为核心指标，进一步简化小微企业的认定标准。更为重要的是，要统一企业所得税与增值税等不同税种的税收优惠条件，例如，将增值税的税收优惠条件也变更为从业人数与资产总额两个指标，进而降低小微企业享受税收优惠的成本，增强税收优惠的政策效应，这对于小微企业的发展具有实质性的促进作用。此外，为解决税收优惠力度不足问题，在对减半征收的税收政策税率进行设计时，可以考虑调整优惠税率到 10%—15%，或者类似于个人所得税税制的设计，实行超额累进税率，体现量能赋税的原则，切实发挥税收优惠扶持小微企业、减轻税负的作用。

8.1.2　加强优惠政策的导向性和针对性

小微企业一方面敢于创新，各类新兴行业和新型业态不断涌现；另一方面又大多集中于以资源开发型、产品初加工型、服务低层次型为主的传统行业。现行所得税优惠政策中，缺乏针对小微企业科技创新的鼓励政策，适用于所有企业的优惠政策可能对小微企业并不适用。因此，针对科技型的小微企业要给予更大的税收优惠政策，增强小微企业科技创新的动力。同时，税收优惠政策还要促进经济增长方式由粗放型向集约型转变，将税收的激励性政策和限制性政策有机结合，抑制那些资源、能源消耗量大和高污染高排放的产业发展，并辅之以一定的税收优惠政策，激励资源利用和循环经济发展。此外，逐步将一

---

① 何建堂. 小微企业税收调查及建议［J］. 国际税收，2014（9）：22－25.

部分“普惠制”政策改革为符合国家产业导向的“差别制”政策，提高优惠政策实施的导向性和针对性。

8.1.3 制定行业地域差别的优惠政策

小微企业涵盖城乡各类企业的所有制形式，包括国有、集体、外资和私营等。税收政策在对待不同所有制性质的小微企业方面，应体现公平税负、平等竞争的原则，逐步取消按所有制性质制定的不同税收优惠政策。此外，西部经济欠发达地区的小微企业规模比东部发达省区的小微企业要小，可以降低企业年应纳税所得额的标准，以税基式减免代替税率式减免，争取给予小微企业最大程度的税收优惠；或者可以考虑两种税收优惠政策并存。基于税收中性原则，有条件地让小微企业自行选择对自身利益最大化的税收优惠政策。为争取选择权的最大化，小微企业也会积极改善自身的财务核算方式。

8.1.4 逐步以间接优惠方式为主，丰富运用多种间接优惠形式

可以借鉴国际上通行的延期纳税、专项费用扣除、加速折旧、投资抵免、盈亏相抵等间接方式。具体来说，增加再投资退税的政策规定，对于小微企业用税后利润转增资本的投资或者投资设立新的企业，建议对再投资部分缴纳的企业所得税退还 40%，以鼓励企业扩大投资。对小微企业技改项目购进并实际使用的设备，按购进额的 10% 给予企业所得税税额抵免优惠。对小微企业的研发费用等成本费用加计扣除，可以鼓励小微企业的技术创新。对小微企业实行延期纳税，可以使得小微企业充分利用货币的时间价值，合理安排企业的运营资金。加速折旧，可以鼓励小微企业技术改造，加快产品更新换代，提高小微企业设备的更新率。对于企业用于研发的设备、工具等可以采取年数总和法或双倍余额递减法等计提折旧。采购的技术先进的环保设备，允许采取期初扣除的折旧方式，在投资当年可以得到 50%—100% 的扣除等。对高能耗、高污染企业以外的小微企业，购入的生产设备实行普遍的加速折旧，鼓励企业更新设备。允许企业发生亏损时，将研发支出推迟抵扣，向后结转，如美国允许企业的研究与开发支出向后结转 7 年；法国允许向后结转 5 年，5 年结束后，

如若还未抵扣完，可以申请现金的退还[①]。对小微企业的研究与开发项目支出予以全额税收抵免，具体操作是采取应税收入的抵免政策，鼓励小微企业与高校、科研院所进行合作。将税收优惠政策适用范围覆盖到技术应用和工程改造上。

8.1.5　延长小微企业亏损结转年限

鉴于我国大部分小微企业处于亏损状态的现实，应当高度重视小微企业亏损的现象。建议参考与借鉴科技型中小企业亏损结转年限的办法，将小微企业发生亏损结转的年限大幅度的延长。例如，延长至 10 年，甚至 15 年，从而有利于小微企业扭转局面、专注长远发展。

8.1.6　增强提高应纳税所得额标准所产生的效应

鉴于我国小微企业的年应纳税所得额大多数没有超过 100 万元，从而导致简单提高应纳税所得额标准所产生的效应十分低下，也并未从实质上减轻大多数小微企业的税收负担。因此，建议对年应纳税所得额未超过 100 万元的，直接实施免税政策。这样就能进一步降低大部分小微企业的税收负担，让它们切实获得税收红利。

8.1.7　构建针对小微企业个体工商户的所得税配套优惠政策

鉴于我国当前缺乏针对小微企业个体工商户的个人所得配套优惠政策，建议对小微企业个体工商户实施减计一定比例收入的个人所得税优惠政策。可以参考和借鉴欧美等发达国家的通行做法，对小微企业个体工商户的收入减按 80% 或者 70% 计入应纳税所得额。此外，对于小微企业个体工商户进行投资或再投资的，也应当实施一定的个人所得税优惠政策。例如，允许个体工商户用其投资或再投资所产生的亏损冲减个人的应纳税所得额，从而鼓励个体工商户进行投资与再投资。

---

① 刘斌，杨开元，王菊仙．小微企业自主创新税收政策的优化思路［J］．税务研究，2013（3）：20 - 23.

8.2　完善促进我国小微企业发展的其他税种优惠政策建议

8.2.1　完善增值税优惠政策

我国小微企业的税收优惠政策主要集中在增值税小规模纳税人，《关于全面推开营业税改征增值税试点有关税收征收管理事项的公告》（国家税务总局公告 2016 年第 23 号）规定，增值税小规模纳税人销售货物，提供加工、修理修配劳务月销售额不超过 3 万元（按季纳税 9 万元），销售服务、无形资产月销售额不超过 3 万元（按季纳税 9 万元）的，自 2016 年 5 月 1 日起至 2017 年 12 月 31 日，可分别享受小微企业暂免征收增值税优惠政策。此外，现行税法规定增值税小规模纳税人的征收率统一为 3%。完善促进我国小微企业发展的增值税优惠政策可以考虑从以下几个方面着手：首先，降低增值税小规模纳税人的征收率。随着增值税的全面扩围，小微企业的范围肯定会进一步扩大，且大多数小微企业属于增值税小规模纳税人。目前，小规模纳税人按照 3% 的征收率缴纳税款，考虑到 7% 的城建税、3% 的教育费附加和 2% 的地方教育附加等因素，小规模纳税人的实际税负大概是 3.26%，高于目前多数工业和商业一般纳税人的税负水平（2% 左右）。因此，建议将小规模纳税人征收率降低至 1.5% 或者更低的水平。其次，提高增值税的起征点。在小微企业增值税起征点从每月 2 万元提高到 3 万元后，实际带来的社会效应是，小微企业的死亡率下降，就业人口增加，经过测算，每 5 万元就带来了一个就业岗位，其实际作用远远大于政府通过投资拉动就业。有分析指出，起征点的进一步提高还将带来小微企业死亡率的进一步降低和就业岗位的增加，而当起征点达到 10 万元后，数据将趋于平缓，这说明拉弗曲线的最佳值被找到，并且起征点提高到 10 万元后，小微企业死亡率可降低到 16.74%，提供 284 万个就业岗位，创造 2287 亿元经济产值，贡献 0.36% 的 GDP 增长。最后，对从事现代服务业的小微企业，针对其人力资源密集的成本结构特征，可考虑将其工资按销售收入的一定比例抵扣，以均衡该类小微企业与其他行业的税负水平。

8.2.2　完善其他税优惠政策

首先，当前小微企业房产税和城镇土地使用税税负较重，因此建议出台针对小微企业的财产税政策，对月销售收入未超过流转税起征点的小微企业，同时免征房产税和城镇土地使用税。对超过起征点的小微企业，减半征收房产税和城镇土地使用税，进一步落实小微企业的优惠政策。其次，针对“自 2014 年 11 月 1 日至 2017 年 12 月 31 日，对金融机构向小型微型企业贷款合同三年内免征印花税”的规定，为进一步减轻小微企业长期融资的困难，建议对于享受免征印花税的贷款合同期限适当延长至 5 年或者 10 年，为小微企业长期融资降低成本。最后，针对“自 2015 年 1 月 1 日起至 2017 年 12 月 31 日，对按月纳税的月销售额不超过 3 万元（含 3 万元），以及按季纳税的季度销售额不超过 9 万元（含 9 万元）的纳税义务人，免征教育费附加、地方教育附加、水利建设基金、文化事业建设费”的规定，可以考虑不区分小规模纳税人和一般纳税人，只要符合小微企业的条件，均可享受免征教育费附加、地方教育附加、水利建设基金、文化事业建设费的优惠政策。

8.3　完善促进我国小微企业发展的财政扶持政策建议

8.3.1　合理利用财政补贴政策

各国政府对于财政资金运用的根本目的在于利用财政资金对社会资源进行科学整合，积极引导民间资本去支持和扶助小微企业的发展。其中，最主要的形式有政府财政资金与商业银行贷款结合、政府财政资金与私人资本结合以及政府财政资金与私人资本联合投资等。财政补贴作为政府转移支付的重要手段，在促进就业、鼓励研究与开发、刺激出口和其他方面发挥着重要的作用。如果符合政策要求，向小微企业进行财政补贴，可以增强小微企业的抗风险能力。财政补贴通过转移支付，对财富进行再分配，因此对小微企业来说，获得财政补贴就相当于无偿获得一笔资金，可以缓解企业资金紧张程度，平稳资金周转的速度，提高整个社会的资源配置效率。小微企业刚开始建立的时候，正是需要资金的时候，政府补贴无疑是及时的“春雨”。有了这笔创业补贴作为成长基金，相信小微企业能够更从容面对资金困难的问题。对于符合条件的技术密集型、风险较高的小微企业，可以给予一定程度的财政补贴；对于处于亏损的经营初期的小微企业，给予亏损额的一定比例甚至全额进行财政补贴，为小微企业的初期发展兜底；为了进一步扩大小微企业对于就业的吸纳效应，政府可以给那些提供较多就业岗位的小微企业一定程度上的就业补贴，形成社会资源流动的良性循环，促进小微企业对经济和就业的带动效益，具体落实下去的形式可以包括员工上岗前的培训费、师傅学徒制下的学徒津贴等；对于有出口业务的小微企业，政府还要对小微企业出口的商品或劳务给予一定的出口补贴，提高出口积极性，降低小微企业的生产成本。贷款贴息是指政府对符合政策要求的小微企业贷款发生的贷款利息给予部分或者全部的利息补贴，资金来源于小微企业贷款贴息和贷款风险补偿专项资金。部分或者全部免除贷款利息，可以降低小微企业的融资成本，使小微企业获得短期的流动资金。

此外，为支持小微企业创新项目，鼓励科技型小微企业技术创新活动，可以通过设立政府专项资金，对符合产业发展政策要求的科技型小微企业，给予其研发、技术创新等专项补贴。自 1999 年以来，由科技部和财政部共同组织设立的科技型中小企业基金，为科技型小微企业发展提供了巨大的支持[①]。因此，还可以通过增设基金的方式，更大程度地支持科技型小微企业的发展。基金的设立方式可以借鉴其他国家的先进经验。

8.3.2 完善政府采购制度

目前，我国促进小微企业参与政府采购的基本法律为《政府采购法》和《中小企业促进法》。这两部法律的规定为小微企业积极参与政府采购和获得同等机会提供了基本制度规范[②]。完善政府采购制度，使得政府在采购中向小微企业倾斜，可以使小微企业在政府采购领域获得机会，实现小微企业的产品

① 顾光，马媛媛．科技型小微企业财政支持政策研究［J］．科技进步与对策，2013（18）：80－82.

② 李红军，李小捧，王春光．刍议推动科技型小微企业发展的政府采购政策［J］．地方财政研究，2012（11）：27－30.

和服务价值，从而有利于小微企业资金回笼，为小微企业的再生产和发展提供资金支持，促进地方就业和繁荣市场经济。完善政府采购制度支持小微企业发展，主要做法有以下四点：第一，为鼓励科技创新，倡导绿色环保，政府要加大对科技创新型和绿色环保型的小微企业产品的采购，需尽快出台促进科技型、环保型小微企业发展的采购制度办法。具体可以包括确定科技型、环保型小微企业的界定标准，确定科技型、环保型小微企业参与政府采购的比例等。通过政府采购，可以增强小微企业技术创新和追求绿色环保的信心和动力，有利于活跃实体经济。同时可以有效地刺激广大小微企业进行创新，提升整个社会的科技创新水平、提高资源的利用效率和实现资源保护和可持续发展。第二，要适当降低小微企业竞争政府采购项目的准入门槛。不得设定与项目无关的资质要求；对于适合小微企业参与的项目，允许其他经济组织进入；政府采购对于整体性不强的项目，可以采取合理分包的方式，一个大的采购项目分解成几个性质差异小的项目，由多个企业中标，这样可以增加门槛之外的小微企业参与的机会。第三，逐步建立企业政府采购信用担保体系，鼓励为小微企业参与政府采购提供投标担保、履约担保和融资担保等服务①。第四，建立高效、便利的政府采购信息发布系统。指定政府采购的基本发布媒体，所有的采购项目均通过这个平台发布。可以专设小微企业采购项目专栏，提高政府采购信息发布的效率。

8.3.3　构建财政支持小微企业融资担保体系

破解小微企业融资难的问题，需要构建财政支持小微企业融资的担保体系，充分发挥政府的支持作用，优化小微企业金融服务环境②。传统的融资模式主要是以实物作为抵押，如固定资产、不动产等的抵押，或者以其他资产作为担保，如无形资产。小微企业很难提供足够的贷款抵押担保，规模小，信用等级偏低，而且银行等金融机构的贷款条件又很严苛，所以小微企业尤其是处于创业初期的小微企业融资难度很大。融资担保是破解小微企业融资难问题的突破口，因此需要改变传统融资模式。政府应积极在银行等金融机构、担保机

① 高现广．促进我国小微企业发展的财税政策研究［D］．集美大学学位论文，2013.

② 周璇．政府对小微企业融资支持策略的研究［D］．对外经济贸易大学，2015.

构和小微企业之间搭建纽带和桥梁，形成四方模式。银行机构在担保机构和财政资金提供担保的情况下，也会提高对小微企业贷款的意愿。小微企业信用担保风险很高，涉及四方之间的共同利益和矛盾冲突领域，因此构建财政支持小微企业融资担保体系是一个复杂的系统性工程，政府要发挥主导作用，协调好各方的利益，处理好矛盾冲突。构建财政支持小微企业融资担保体系主要从四方面进行。第一，加大对小微企业担保机构的财政支持，建立担保风险补偿机制，降低担保机构的经营风险。第二，遵循市场规律，减少行政干预，加强金融监管，促进小微企业信用担保机构的规范发展。部分担保机构的资金来源于地方财政，因此客观上存在地方政府对担保机构进行过多干预的可能性。因此应尽量减少地方政府干预，使得担保机构按照商业化的原则进行担保。第三，积极推进银行等金融机构对小微企业融资的支持，投入更多的财政资金作为担保依托，增强这些金融机构的放贷信心。第四，完善小微企业的信用征集，形成信用评价体系，促进小微企业自身信用建设，降低发生信用担保风险，推动构建财政支持小微企业发展的融资担保体系。

8.3.4 设立小微企业政策性银行

设立小微企业政策性银行是解决小微企业融资难题的途径之一。目前为止，我国尚未设立类似于日本中小企业金融公库、韩国中小企业银行等机构，现有的一些政策性银行各自定位都非常明确，没有设立专门资金支持小微企业。我国应当借鉴发达国家的经验，组建小微企业政策性银行。小微企业政策性银行是在政府财政的支持下，以国家信用为基础，运用各种特殊的融资手段，以小微企业为业务范围和经营对象，以优惠利率进行的一种特殊性资金融通行为，是专门针对小微企业特定政策性意图的贷款、贴现、担保、信用保险、利息补贴等特殊性资金融通行为，其政策目标主要为贯彻国家产业政策和区域发展政策，以优惠的利率水平、贷款期限和融资条件，对符合国家产业政策的小微企业提供资金支持。政府通过政策性金融机构拓展小微企业的融资渠道和规模，为在市场中处于弱势的小微企业解决融资难题。

8.4　完善促进我国小微企业发展的其他配套扶持措施建议

8.4.1　建立促进小微企业发展的税收法律体系

解决小微企业所得税税收优惠政策存在的稳定性和系统性不足问题，必须根据小微企业各个方面的发展要求，有针对性地制定一部完善的税收优惠政策方面的法律法规。目前我国针对小微企业的税收优惠政策缺乏系统性、长效性和稳定性，大多以单项政策出台，且零散分布在各个税种。税收优惠往往带有很强的时效性，我国针对小微企业的扶持政策是在特定的环境下基于短期需要而出台的，临时措施多，过渡色彩浓重，缺乏明确的思路和政策导向。同时，以级次较低的部门规章等规范性文件修改法律、法规不够严谨，容易产生法律效力冲突，也容易为社会诟病。针对小型微利企业先后 5 次出台企业所得税优惠政策，都以财税文件的形式对《企业所得税法及其实施条例》相关条款加以修改。对此，有必要加强立法。根本在于落实税收法定原则，提升促进小微企业发展的税收优惠政策的法律级次，加强政策顶层设计，建立统一规范的促进小微企业发展的税收优惠政策并上升到法律或行政法规层级，增强政策的规范性和透明度，形式上满足“税收法定”要求，实务上提高可操作性，做到有法可依、执法有据。

首先，构建小微企业税收政策体系，要建立长效机制，合理规划临时政策和长期政策。小微企业在不同的发展阶段所要解决的问题、面临的难题都是不一样的，这些主要取决于小微企业自身的经营特点和发展规律。要综合分析当前我国小微企业的发展现状、特点和面临的各种问题，在现有税收优惠政策的基础上，系统设计并进行不断完善，建立适应小微企业发展的长效税收政策体系。这个长效税收政策体系要保持足够的弹性，就要求适应小微企业发展，当前的临时性政策搭配长期性政策，在小微企业初创期的短期内给予重点优惠政策；在中期，当企业步上正轨后，结合国家产业政策要求，有针对性地给予优先鼓励，如技术创新，增加就业机会等；长期以后，政策制定以稳为主，促进小微企业的持续健康发展。优惠程度呈现由强到弱的累退性：初创期的优惠程度最大，给予新办的小微企业更长的免税期。主要考虑的是企业资金严重缺乏，可以给予最大的税收优惠；发展中期的优惠力度次之。主要考虑此时小微企业已经有一定的资金储备，资金周转能力增强，优惠程度可以适当降低，如果国家产业对技术创新、环境保护有要求，也可以考虑出台这些方面的税收优惠政策；长期保持稳定的税收优惠政策，根据产业生命周期，企业已经发展到成熟期，各方面稳步运行，为适应经济波动性可适当微调，但是长期的税收政策体系主旋律仍为保持稳定为主。在实际操作中，可以参考我国为鼓励软件企业发展的企业所得税税收优惠政策。如，从获利年度起，实行两免三减半的企业所得税税收优惠政策。

其次，构建小微企业税收政策体系就要提升税收优惠政策的立法层级。我国大多数的小微企业税收优惠措施以部门规章、地方性法规等形式颁布，立法层级偏低。这也体现了我国对小微企业的重视程度仍未达到应有的高度。税收优惠政策频繁更改显示出随意性，所以有必要以立法形式加以明确，使得小微企业的税收优惠政策具备权威性和稳定性。许多发达国家对小微企业税收优惠政策立法的经验值得我国学习。如，美国颁布的《经济复苏税法》和《纳税人免税法》等以法律的形式明确小微企业的税收优惠政策；韩国先后颁布《租税减免规划法》和《地方税法》等法律，也对小微企业的税收优惠政策进行了规范立法。建议从最高的法律层级入手，制定《中华人民共和国小微企业促进法》或将目前的《中华人民共和国中小企业促进法》修改为《中华人民共和国中小微企业促进法》以增强政策的规范性、稳定性和权威性。

最后，构建小微企业税收政策体系，应整合完善各项税收优惠政策，形成合力效应。在当前的税收政策体系基础上，结合小微企业发展现状，整合各个税种的政策，专门编制属于小微企业的税收优惠政策法规。第一，合并同类项，将功能重叠的政策予以合并；第二，完善效用缺失的政策空白，具体表现为改善由于企业所得税与增值税税收优惠政策所适用的小微企业标准存在差异，导致部分企业不能同时享受得到两种税收优惠政策的情形；第三，撤销对小微企业发展不利的税收政策；第四，协调存在冲突结果的政策。总的来说，就是通过各种方式来达到整合的目的，进而建立起小微企业的税收政策体系。

8.4.2　清理规范小微企业非税费用

在现行的税费体系下，企业的税费负担主要来源于四方面：税收、对全部或者部分行业（企业）无偿征收的专项收入和政府性基金、企业承担的各项社会保险费以及各种行政事业性收费。其中，对全部或者部分行业（企业）无偿征收的专项收入和政府性基金，普遍征收的有：教育费附加、地方教育费附加、残疾人就业保障基金，根据地方政府的规定，可能还要上缴水利建设基金；对特定行业可能还包括文化建设事业费、水资源费、排污费等基金或收费项目。行政事业性收费，包括政府部门或拥有行政管理职能的事业单位收取的管理类、登记类和证照类的各种费用。2012 年，全国公共财政预算中行政事业性收费为 4579.54 亿元，尽管无法明确小微企业负担的具体金额，但行政事业性收费绝大多数是按照事项而不是经营规模收取的，小微企业的负担相对较重①。因此要大力清理对小微企业的不合理收费，规范非税费用。认真落实财税〔2014〕101 号和财税〔2014〕122 号文件精神，针对小微企业认定难问题，根据《关于印发中小企业划型标准规定的通知》（工信部联企业〔2011〕300 号），研究制定专项办法，免征小微企业 42 项行政事业性收费项目和 5 项政府性基金。加大对向企业乱收费、乱罚款和各种摊派行为监督检查的力度，严格执行收费公示制度，加强社会和舆论监督。建立市级行政事业性收费目录，所有行政事业性收费项目纳入目录管理。建立涉企收费项目目录清单制度和公开制度，实行收费项目目录常态化公开，并根据收费项目政策变化，及时更新收费项目目录内容，让企业缴明白费、放心钱。规范税收制度，在清理不合理收费项目的基础上变费为税。

8.4.3　优化税收征管

在借鉴发达国家税收征管经验的同时结合我国实际情况建立税收征管模式，以“以人为本”的原则建立健全我国的税收征管模式，尽量简化征管程序。小微企业税源分散，依法纳税意识薄弱，而管理分局把税收征管的重点放

① 张斌．我国小微企业税费负担的现状、问题与对策［J］．国际税收，2015（3）：66－69.

在了重点项目和重点税源上，认为小微企业的管理对税收收入的贡献率不大，税收成本高，只限于税务登记、自行申报、发票管理，没有对小微企业的经营、申报等情况进行深入研究，缺乏税收检查、纳税评估等有效的税收监管和辅助措施；税收宣传手段固化，形式单一，宣传的渗透力不强，相当一部分符合条件的纳税人因不熟悉优惠政策而未办理小微企业税收优惠的备案。因此，需建立新型小微企业税收征管模式。首先，简化税收征管流程。一是简化税收优惠申请流程，直接通过税务管理平台或者官方网站，对小微企业资格进行认定，定期上报主管部门备案，对纳税人确实发生的属于税法规定的优惠项目，由税务机关后续审核，以减少小微企业享受税收优惠的中间环节，减少税收优惠的审批环节，经认定的小微企业即可享受相关的税收优惠。二是简化会计账目和税务报表，发挥税务代理机构的作用，帮助小微企业办理纳税事宜和税收筹划。三是进一步优化办税流程，整合精简考核项目，充分提高电子信息的利用率，进一步规范进户执法行为，精简纳税人报送资料，简化办税环节，规范涉税文书，严禁增设纳税人非法定义务。其次，完善征管方式，提高征管效率。对小微企业，采用“自动申报、集中征收、重点稽查”和传统的“专户”管理模式。制定税收管理员对小微企业的管理内容和考核标准，对符合查账征收条件的企业，尽快调整为查账征收。对于不符合查账征收的企业，限期整改，缩小核定征收的比例，规范税管员的自由裁量权，加大对征管工作的监督。可以考虑建立类似日本的蓝色申报表制度，采用蓝色申报表的纳税人可以享受到比普通纳税人更多的税收优惠，鼓励和引导纳税人尤其是创业初期的纳税人建立健全会计账簿，依法申报纳税，带动可税税源的科学、持续地增长。最后，发挥各部门的联动效应。通过互联网建立税务、工商、质检一体化的办公服务大厅，串联小微企业税收申报、申请税收优惠、申请退税等纳税服务，减少小微企业的纳税奉行成本。

8.4.4 构建多元化纳税服务体系

首先，改变重管理、轻服务的工作格局，提升纳税工作质量。纠正在服务上“重大轻小”的倾向，为小微企业提供经营管理、税收咨询、会计指导等服务，更好满足小微企业涉税服务需求。减少企业办理涉税事项的时间，降低中小微企业纳税过程中的奉行成本和隐性成本。其次，建立相对集中的专业化的纳税场所。把办税服务厅真正创建为“一窗通办，全程流转，内部闭合，一站服务”的全职能办税场地。利用“金三”系统的强大功能，梳理再造业务流程，使行政管理更加扁平化。在办税大厅安装专供小微企业共用的增值税开票自助系统，减少其设备成本，鼓励自主办税。最后，降低小微企业的纳税成本。积极推行网上抄报税和办理涉税事项审批，足量供应小微企业发票，给小微企业以相对宽松的用票环境。对小微企业创建初期的善意失误给予适当宽容，通过细节上的差异管理，逐步推动小微企业做强做大，增强市场占有的竞争力。

8.4.5　建立分类管理服务制度

根据小微企业的行业特点，将税收优惠政策分门别类地进行梳理归类，形成不同种类的税收优惠政策资料，进行专门的辅导，方便小微企业正确及时用好税收优惠政策。如对转型升级的企业，提供搬迁补偿、自主创新等税收政策；对有辖区供暖气收入的企业，提供居民供暖免房产税、城镇土地使用税的政策；对辖区农副产品深加工的企业，提供农副产品深加工免企业所得税地方分成、房产税、城镇土地使用税等。根据小微企业财务制度健全程度，将小微企业划分为财务制度基本健全、财务制度不太健全、财务制度混乱三种类型，分别实行差别管理：对于财务制度基本健全的小微企业，重点是加强税收宣传与辅导，减少其因对税收法律法规的理解不透彻、掌握不到位而出现的非主观原因导致的征管问题及纳税风险；对财务制度不太健全容易出现较大征管漏洞的小微企业，要通过征管审核、约谈核实、下户检查及评估手段要求纳税人正确纳税，不出现、少出现征管问题和纳税风险；对于财务制度混乱并有种种主观偷漏税嫌疑的小微企业，通过稽查打击偷逃抗骗税的手段，帮助其提高税收遵从度，防范税收风险。

参考文献

［1］安体富，杨金亮．促进小微企业发展的税收政策研究［J］．经济与管理评论，2012（5）：5－12.

［2］安宝洋．互联网金融下科技型小微企业的融资创新［J］．财经科学，2014（10）：1－8.

［3］陈其广．创新是经济发展的重要推动力——论熊彼特创新理论的合理性［J］．中国社会科学院研究生院学报，1987（4）：43－49.

［4］陈常琼．税收优惠政策对我国小微企业发展的影响研究［J］．行政事业资产与财务，2016（10）：27－28.

［5］陈晨．缓慢复苏的德国中小企业［J］．中国新时代报刊，2011：23－25.

［6］蔡泳，马园园．促进小微企业发展的税收政策国际经验探讨［J］．财政与税务，2014（10）：85－87.

［7］戴东红．互联网金融对小微企业融资支持的理论与实践——基于小微企业融资视角的分析［J］．理论与改革，2014（4）：91－96.

［8］丁忠勇．越南中小企业发展政策研究［D］．广西大学，2013.

［9］代明，殷仪金，戴谢尔．创新理论：1912—2012：纪念熊彼特《经济发展理论》首版100周年［J］．经济学动态，2013（4）：143－150.

［10］段素从．促进小微企业发展的税收政策剖析［J］．中外企业家，2012（11）：97－99.

［11］付伯颖．外国税制教程［M］．北京：北京大学出版社，2010.

［12］顾杰，姚流盛．我国现阶段小微企业人才流失问题及其对策［J］．

武汉理工大学学报（社会科学版），2014（1）：37－41.

［13］广西地税局课题组．促进小微企业发展的税收政策研究［J］．经济研究参考，2015（5）：72－74.

［14］广西自治区农村信用社联合社课题组，罗军，廖修化．“四大创新”突破小微企业融资瓶颈［J］．西南金融，2012（4）：38－40.

［15］顾光，马媛媛．科技型小微企业财政支持政策研究［J］．科技进步与对策，2013（18）：80－82.

［16］辜胜阻，杨威，李洪斌．后危机时期中小企业的财税扶持政策［J］．税务研究，2011（6）：3－9.

［17］谷成，裴颖，朱冬梅．特朗普减税、欧洲举措与中国借鉴［J］．地方财政研究，2018（7）：4－12.

［18］郭妍．我国税收优惠政策导向问题研究［D］．云南财经大学，2015.

［19］郭庆旺．税收与经济发展［M］．北京：中国财政经济出版社，1995.

［20］高现广．促进我国小微企业发展的财税政策研究［D］．集美大学，2013.

［21］龚振中．支持小微企业发展税收政策建议［J］．税务研究，2012（3）：52－55.

［22］高培勇，于树一．国外有哪些支持小微企业的财政金融政策措施［J］．环球视野，2012（5）：28－32.

［23］国家税务总局税收科研所．外国税制概览［M］．北京：中国税务出版社，2004.

［24］贺宏．小微企业组织形式及其所得税政策之优化［J］．税务研究，2015（5）：28－31.

［25］何建堂．小微企业税收调查及建议［J］．国际税收，2014（9）：22－25.

［26］何杨，景诗曼，何明俊．企业所得税最新国际发展趋势研究［J］．国际税收，2018（11）：15－20.

［27］何韧，刘兵勇，王婧婧．银企关系、制度环境与中小微企业信贷可得性［J］．金融研究，2012（11）：103－115.

［28］侯彬，邝小文．熊彼特的创新理论及其意义［J］．科学社会主义，2005（2）：86－88.

［29］韩俊华，干胜道．科技型小微企业金融支持研究［J］．科学管理研究，2013（4）：105－108.

［30］胡援成，吴江涛．商业银行小微企业金融服务研究［J］．学习与实践，2012（12）：24－29.

［31］胡昌宏，刘国艳．当前支持双创税收优惠政策执行情况与建议［J］．中国经贸导刊，2017（24）：36－38.

［32］黄冠豪．促进小微企业发展的税收政策研究［J］．税务研究，2014（3）：16－20.

［33］黄洁莉．论构建扶持小微企业财税政策绩效评价制度［J］．税务研究，2012（12）：14－18.

［34］黄秋玲．小微企业税收优惠政策效应分析及优化路径研究［D］．江西财经大学，2017.

［35］鞠铭．从国际经验看我国研发活动企业所得税优惠政策的完善［J］．税制研究，2017（12）：35－39.

［36］孔德议，张向前．我国小微企业发展环境支撑体系研究［J］．理论探讨，2013（4）：101－105.

［37］罗荷花，李明贤．小微企业融资需求及其融资可获得性的影响因素分析［J］．经济与管理研究，2016（12）：52－60.

［38］罗荷花，李明贤．不同类型银行为小微企业融资的行为逻辑分析［J］．经济体制改革，2014（2）：135－139.

［39］罗仲伟，任国良，文春晖．为什么小微企业融资缺口越来越大：一个理论分析［J］．经济管理，2012（9）：53－60.

［40］靳霞．初探小微企业税收优惠政策实践与创新［J］．中国乡镇企业会计，2016（4）：79－80.

［41］鲁元平，朱跃序，王伟域．借鉴国外先进税收制度 促进我国小微企

业发展［J］. 税务研究，2013（11）：93－95.

［42］雷新途，林素燕，祝锡萍. 民间借贷缓解了中小微企业融资约束吗?：来自温州的证据［J］. 审计与经济研究，2015（6）：97－105.

［43］娄飞鹏. 互联网金融支持小微企业融资的模式及启示［J］. 武汉金融，2015（4）：6－8.

［44］刘志铭，郭惠武. 创新、创造性破坏与内生经济变迁：熊彼特主义经济理论的发展［J］. 财经研究，2008（2）：18－30.

［45］刘晓辉，吴永立. 基于“三去一降一补”的小微企业税收优惠政策研究［J］. 产业与科技论坛，2016（12）：34－35.

［46］刘金玲，李东波. 完善我国小微企业所得税优惠政策的建议［J］. 税务研究，2012（12）：19－22.

［47］刘馨颖. 促进中小企业发展：日本以间接税收优惠为主［N］. 中国税务报，2013－7－10.

［48］兰飞，李扬子. 支持小微企业科技创新的财税政策效果分析与对策［J］. 税务研究，2014（3）：21－24.

［49］李乐. 促进我国小微企业发展的财税政策研究［D］. 首都经济贸易大学，2018.

［50］李朝晖. 我国 P2P 网络借贷与小微企业融资关系的实证研究［J］. 现代经济探讨，2015（2）：43－47.

［51］李明贤，罗荷花. 小微企业融资约束问题研究进展及展望：基于金融结构视角［J］. 湖南科技大学学报（社会科学版），2013（5）：94－97.

［52］李俊江，于众. 产业集群视角下小微企业的融资问题、优势及对策［J］. 当代财经，2015（4）：60－65.

［53］李庆云，杨志银. 发达国家中小企业税收政策对我国的启示［J］. 生产力研究，2009（17）：173－175.

［54］李国洲. 韩国如何扶持小微企业［EB/OL］. 求是理论网，2013－03－04.

［55］李强，刘静. 微型企业突破融资瓶颈的思考与分析：以四川省为例［J］. 经济体制改革，2012（6）：114－118.

［56］李名梁，刘婧竹．科技型小微企业发展环境及政策支持体系研究［J］．科学管理研究，2014（3）：80－84.

［57］李慧．小微企业所得税优惠政策解读［J］．现代经济信息，2014（8）：258.

［58］李志强．小微企业融资难题与信息化对策［J］．当代财经，2012（10）：80－85.

［59］李红军，李小捧，王春光．刍议推动科技型小微企业发展的政府采购政策［J］．地方财政研究，2012（11）：27－30.

［60］李香菊．完善和落实我国促进小微企业发展的税收优惠政策［J］．涉外税务，2012（9）：10－13.

［61］李檬，蒋平，张海波．发达国家鼓励小企业发展的税收政策简介［J］．涉外税务，2012（9）：24－27.

［62］李志军，李富生．促进政策性信用担保机构发展的财政政策研究［J］．经济与管理研究，2008（8）：67－71.

［63］蔺宣．促进企业自主创新的税收政策研究［D］．江西财经大学，2013.

［64］黎氏锦绣．谈越南新企业所得税的改革［J］．行政事业资产与财务，2014（32）：31－33.

［65］厉以宁．中国经济转型之路［M］．北京：中国人民大学出版社，2013.

［66］廉莉．国外中小企业促进措施及启示［J］．中国中小企业，2015（12）：62－63.

［67］刘斌，杨开元，王菊仙．小微企业自主创新税收政策的优化思路［J］．税务研究，2013（3）：20－23.

［68］毛洁．OECD国家中小企业所得税优惠政策及其借鉴［J］．国际税收，2014（9）：18.

［69］木文静．小微企业所得税优惠政策完善研究［J］．商业经济，2015（2）：45－50.

［70］马颖．关于政府干预理论的结构主义经济发展思路［J］．国外社会

科学，2005（4）：2－9.

［71］马莹，王永琦．普惠性小微企业税收优惠政策的系统构建［J］．税务研究，2019（5）：114－119.

［72］马奎．论西方政府干预经济理论的演变［J］．经济评论，2001（3）：44－47.

［73］马乃云，张安安．完善财税政策促进中小微企业发展［J］．中央财经大学学报，2012（8）：7－10.

［74］潘功胜．优化小微企业融资环境［J］．中国金融，2013（1）：9－11.

［75］潘雷驰，孙斌．巴西税收征管信息化程度高［N］．中国税务报，2014－3－12（5）.

［76］彭凯，向宇．我国银行开展小微企业贷款的困难和对策［J］．西南金融，2010（6）：59－61.

［77］邱峰．结构性减税对小微企业的支持效应评析［J］．青海金融，2012（4）：35－37.

［78］茹莉．互联网金融背景下小微企业融资渠道的新选择［J］．经济纵横，2014（10）：88－91.

［79］茹莉．破解科技型小微企业融资难问题的对策［J］．经济纵横，2013（9）：91－93.

［80］任强，杨金亮．“新常态”下支持小微企业发展的国际经验及税收措施［J］．税务研究，2015（5）：13－18.

［81］束磊．促进我国小微企业发展财税扶持政策研究［D］．贵州财经大学，2014.

［82］宋丽颖，刘明权，刘源．小微企业税收优惠政策减负效应分析与政策优化［J］．财政科学，2017（3）：27－34.

［83］宋英华．促进小微企业发展的税收政策研究［J］．经济研究导刊，2013（14）：160－161.

［84］宋文新，姚绍学．拉弗曲线的拓展与最优宏观税负［J］．财政研究，2003（11）：15－18.

[85] 孙玉栋，孟凡达．我国小微企业税费负担及优惠政策的效应分析[J]．审计与经济研究，2016（3）：101－110.

[86] 孙衍炜．小微企业税收政策执行研究［J］．中国市场，2017（1）：138－139.

[87] 苏碧群．小微企业税收优惠政策落实过程中存在的问题与建议[J]．经济与社会发展研究，2014（11）：12－13.

[88] 时俊成，龚小玲．由小微企业所得税优惠新政刍议完善建议［J］．时代金融，2015（5），99－101.

[89] 唐婧妮．促进小微企业发展税收政策的国际借鉴［J］．涉外税务，2012（10）：41－43.

[90] 唐婧妮．结合小微企业特点完善小微企业税收政策［J］．财政研究，2014（9）：24－27.

[91] 唐朱昌．俄罗斯中小企业发展相对缓慢的原因［J］．俄罗斯中亚东欧研究，2012（2）：36－42.

[92] 田发，谢凡．小微企业税收优惠政策效应评估［J］．北京邮电大学学报，2018（6）：69－75.

[93] 童小琴．小微企业发展的要素瓶颈及其突破［J］．成都理工大学学报（社会科学版），2013（1）：101－105.

[94] 吴明玺．我国小微企业发展政策研究［J］．上海经济研究，2015（3）：58－64.

[95] 文丰安．全面深化改革中的我国小微企业发展与政府职能转变[J]．管理世界，2014（11）：184－185.

[96] 武汉大学银行管理研究所课题组．小微企业贷款难问题的中国式解答——对国内金融机构小额贷款的调查报告［J］．武汉金融，2012（5）：16－18.

[97] 吴国荣．小微企业税收优惠政策效应分析［J］．中国市场，2017（2）：205－209.

[98] 魏杰，李阳子，施戍杰．支持小微企业发展的若干思考［J］．税务研究 2014（8）：6－11.

［99］王俊豪．新自由主义的政府干预理论及其启示［J］．经济评论，1994（3）：35－38.

［100］王俊峰．印度中小微企业政策研究［J］．商场现代化，2015（8）：102－103.

［101］王钦广．农村小微企业融资难——成因及对策［J］．理论与改革，2014（3）：84－87.

［102］王玺，王蔚．基于生命周期理论的小微企业税收政策研究［J］．税务研究，2012（12）：3－7.

［103］王美彦．中小企业融资困境探究［J］．财会通讯，2015（17）：17－20.

［104］王乔，席卫群．比较税制［M］．上海：复旦大学出版社，2013.

［105］王红晓．越南与新加坡企业所得税的比较与借鉴［J］．广西财经学院学报，2010（1）：12.

［106］王竹．拉弗曲线与现实应用评析［J］．经济评论，1996（1）：25－32.

［107］王俊峰．王岩．我国小微企业发展问题研究［J］．商业研究，2012（9）：86－93.

［108］解学智，张志勇．世界税制现状与趋势（2014）［M］．北京：中国税务出版社，2014.

［109］肖鑫哲．促进小微企业发展的财税政策研究［D］．湖南农业大学，2014.

［110］肖念涛，谢赤．中小企业财政支持政策评价指标体系的理论框架分析［J］．湖南大学学报（社会科学版），2013（9）：52－56.

［111］肖太寿．小微企业财税扶持政策研究［M］．北京：中国市场出版社，2013.

［112］徐细雄，林丁健．基于互联网金融的小微企业融资模式创新研究［J］．经济体制改革，2014（6）：144－148.

［113］徐诗举．对完善主体功能区差别化税收政策的建议［J］．税务研究，2016（9）：101－104.

［114］徐骏飞．小微企业融资问题研究［J］．西南金融，2012（5）：67－69.

［115］岳树民，董正，徐廷玗．完善税收政策促进小微企业发展［J］．税务与经济，2014（6）：1－4.

［116］殷孟波，许坤．银行贷款技术与小微企业信贷可得性［J］．财经科学，2014（6）：31－41.

［117］杨志安，张鹏．小微企业所得税优惠政策探析［J］．中国税务，2015（1）：69－70.

［118］杨康．我国小微企业税收优惠政策研究［D］．云南财经大学，2016.

［119］易国庆．中小企业政府管理与政策支持体系研究［M］．北京：企业管理出版社．2001.

［120］雅娜．俄罗斯中小企业的发展［D］．吉林大学，2013.

［121］颜欢．小微企业助推巴西经济发展［J］．环球视角，2013（9）：69.

［122］于洪．创新型中小微企业的财税支持政策研究［J］．税务研究，2015（5）：19－22.

［123］杨金亮，毕景春，王安棋．对小微企业实行多税合一，简化征税办法的思考［J］．国际税收，2014（15）：19－21.

［124］姚星垣．小微企业转变发展方式的动因和路径［J］．企业经济，2012（9）：75－78.

［125］姚铮，胡梦婕，叶敏．社会网络增进小微企业贷款可得性作用机理研究［J］．管理世界，2013（4）：135－149.

［126］朱志钢．企业所得税改革的国际趋势［J］．国际税收，2015（5）：28－32.

［127］朱瑞华．小微企业免征营业税优惠政策实施情况调查［J］．财会月刊，2014（4）：50－51.

［128］张雪萍．小微企业税收优惠政策研究［D］．西南财经大学财税学院，2014.

［129］张春光．后危机时期俄罗斯中小企业创新的制度环境研究［D］．黑龙江大学，2014.

［130］张斌．构建扶持小微企业发展的税费政策体系［J］．税务研究，2012（5）：7－12.

［131］张菊朋．小微企业融资的实际态势与中长期境况［J］．改革，2013（9）：119－124.

［132］张斌．我国小微企业税费负担的现状、问题与对策［J］．国际税收，2015（3）：66－69.

［133］张伦伦，李建军，钟毅．小微企业税收优惠的依据评判及政策选择［J］．税收经济研究，2013（1）：49－55.

［134］周霖，温锐，付志强．金融错配视角下小微企业融资解困误区及对策［J］．当代财经，2017（1）：60－68.

［135］周广仁．促进小微企业健康发展的税收政策取向［J］．税务研究，2012（12）：8－13.

［136］周璇．政府对小微企业融资支持策略的研究［D］．对外经济贸易大学，2015.

［137］周越．我国激励研发的企业所得税税收优惠政策研究［D］．首都经济贸易大学，2016.

［138］周伟，武康平．个税免征额、税率与拉弗曲线［J］．经济学家，2011（10）：68－76.

［139］周伟，武康平．个人所得税、政府转移支付与个体行为激励——基于拉弗曲线的统一讨论［J］．南开经济研究，2011（5）：98－112.

［140］周中林．市场自由与政府干预的理论与实践［J］．山东社会科学，2007（1）：54－57.

［141］邹广贤．小微企业所得税优惠政策完善研究［D］．山东大学，2013.

［142］宗丹．促进无锡小微企业发展的税收政策研究［D］．华东政法大学，2013.

［143］赵亚明，卫红江．突破小微企业融资困境的对策探讨［J］．经济

纵横，2012（11）：56－59.

［144］赵惠敏，蔺大勇．结构性减税与小微企业发展［J］．当代经济研究，2011（9）：48－52.

［145］中国人民银行内江市中心支行课题组，陈学建．改进和完善小微企业金融服务的思考——基于国际经验及国内探索视角［J］．西南金融，2012（11）：17－20.

［146］祝健，沙伟婧．发展产业集群是降低小微企业融资成本的新思路［J］．经济纵横，2013（3）：103－106.

［147］郑霞．政策视角下小微企业融资机制创新研究［J］．中央财经大学学报，2015（1）：41－46.

［148］Ministry of Finance of Russia Tax Policies［EB/OL］．https：// www. nalog. ru/ eng/.

［149］Ministry of Taxation of India Tax Policies［EB/OL］．http：// www. cbec. gov. in/.

［150］U. S. Small Business Administration. Table of Small Business Size Standards［EB/OL］．［2015－03－30］.

［151］Alistair R. Anderson，Jin－Hai Li，Richard T. Harrison. The Increasing Role of Small Business in the Chinese Economy［J］．Journal of Small Business Management，2003（3）：310－316.

［152］Allan Gibb，Jun Li. Organizing for enterprise in China：what can we learn from the Chinese micro，small，and medium enterprise development experience［J］．Small Business Futures，2003（4）：403－421.

［153］B. Holemans，L. Sleuwaegen. Innovation Expenditures and the Role of Government in Belgium［J］．Research Policy，1988（17）：375－379.

［154］Glenn Muske，Michael Woods. Micro Businesses as an Economic Development Tool：What They Bring and What They Need［J］．Journal of the Community Development Society，2004（1）：97－116.

［155］Hall R，Jorgenson D. Tax policy and investment behavior［J］．American Economic Review，1967，57（3）：391－414.

[156] Howell H. Zee, Janet G. Tax Incentives for Business Investment: A Primer for Policy Maker in Development Countries [J]. World Development, 2002 (3): 1497 - 1516.

[157] Hong C, Lee J D. Macroeconomic effects of R & D tax credits on small and medium enterprises [J]. Economic Systems Research, 2016, 28 (4): 1 - 15.

[158] I. Astrakhan, A. Chepurnko. Small business in Russia: any prospects after adecade [J]. Futures, 2003 (4): 341 - 359.

[159] King and D. Fullerton. The Taxation of Income from Capital [M]. The University of Chicago Press, Chicago and London, 1984.

[160] Nicholas M. Odhiambo. Finance - investment - growth nexus in South Africa: an ARDL - bounds testing procedure [J] . Economic Change and Restructuring, 2010: 205.

[161] Radas Sonja, Anić Ivan - Damir, Tafro Azra, et al . The effects of public support schemes on small and medium enterprises [J]. Technovation, 2015, V38 : 15 - 30.

[162] Van Pottelsberghe, The impact of public R & D expenditure on business R & D [J]. Economics of Innovation and New Technology 2003 (7): 17 - 20.

附录

小微企业所得税优惠政策执行情况调查问卷

党中央、国务院高度重视小微企业的发展。在税收方面，国家先后出台了一系列扶持小微企业发展的所得税优惠政策，为了解小微企业发展的现实情况和所得税优惠政策的落实情况，请填写以下问卷，谢谢您的参与！

一、企业基本信息

1. 您的基本情况：

（1）企 业 名 称：

（2）纳税人识别号：

（3）生产经营地址：

2. 企业所属行业：

A. 批发业　B. 零售业　C. 工业企业　D. 林牧渔业

E. 建筑业　F. 文体娱乐业　G. 住宿业　H. 餐饮业

I. 租赁业　J. 其他行业

3. 企业职工人数：

A. 50 人以下　B. 50—100 人　C. 100—300 人　D. 300 人以上

4. 您是查账征收还是核定征收？

A. 查账征收　B. 核定征收

5. 2015 年企业的经营状况如何？

A. 盈利　B. 亏损　C. 持平

6. 您认为现在小微企业总体税收负担水平如何？

A. 非常重　B. 比较重　　C. 一般　　D. 比较轻　E. 非常轻

二、企业对小微企业所得税优惠政策了解情况

7. 您是否了解小微企业所得税的相关优惠政策？

A. 非常了解　　B. 比较了解　　C. 一般　　D. 比较不了解

E. 非常不了解

8. 您主要是通过什么渠道了解小微企业所得税优惠政策？（可以选多个）

A. 广播电视

B. 互联网

C. 报刊

D. 税务机关宣传辅导

E. 同行或朋友

F. 税务机关网站

G. 其他

9. 在您碰到小微企业所得税政策疑难问题时，主要的解决渠道有哪些？

A. 事务所、咨询公司等中介机构

B. 网上提问

C. 通过 12366 咨询

D. 到税务大厅咨询

E. 自己查询资料

F. 其他

10. 您觉得针对小微企业的税收优惠政策是否有必要？

A. 有必要　　　　B. 没必要

11. 近两年您是否享受了小微企业所得税税收优惠政策？

A. 是　　　　　　B. 否

12. 如未享受，您觉得主要原因是什么？

A. 限定条件较为严格

B. 享受程序较为繁琐

C. 不知道有该项税收政策

D. 财务核算不健全

E. 优惠力度较小，没有申请

F. 税务人员对政策解释不清

G. 其他

13. 如果享受了，您企业享受的所得税优惠政策类型是什么？

A. 减征企业所得税

B. 研发费用加计扣除 50%

C. 高新企业所得税优惠

D. 从事农、林、牧、渔业项目的所得减免税额

E. 固定资产加速折旧

F. 其他

14. 您认为这些所得税优惠政策给您的企业带来哪些帮助？

A. 降低税负

B. 增加研发的成果

C. 融资情况得到改善

D. 企业利润上升

E. 企业规模扩大

F. 企业结构更加合理

G. 提高企业市场竞争力

15. 您觉得哪项税收优惠政策对企业的帮助最大？

A. 减征企业所得税

B. 研发费用加计扣除 50%

C. 高新企业所得税优惠

D. 从事农、林、牧、渔业项目的所得减免税额

E. 固定资产加速折旧

F. 其他

16. 您觉得小微企业的税收与非税收费相比 ，哪个更重？

A. 税收负担更重　　B. 二者差不多　　C. 非税收费负担更重

17. 总体而言，您对小微企业所得税税收优惠政策的满意度如何？

A. 非常满意　B. 比较满意　C. 一般　D. 比较不满意　F. 非常不满意

18. 您认为现行小微企业所得税优惠政策还存在哪些主要问题?

A. 政策针对性不强

B. 享受政策的门槛较高

C. 优惠政策缺乏长效性

D. 优惠政策较为单一

E. 纳税人了解税收优惠政策信息的渠道较少

F. 优惠力度较小

G. 其他

后　记

本书是在江西财经大学姚林香教授2016年主持的财政部与共建高校联合研究课题《小微企业所得税政策国际比较及财税扶持体系研究》的研究报告基础上修改而成的。

本书是课题组成员集体努力和共同智慧的结晶，参与本书研究和撰写的还有江西财经大学席卫群教授、汪柱旺教授和徐建斌副教授，他们为此书的出版做出了积极的贡献，在此表示诚挚的谢意！此外，江西财经大学研究生徐晶、黄秋玲、冷讷敏、胡城瑶和杨蕾等也为此书的出版付出了辛勤的劳动，在此一并表示感谢！

本书在研究和出版过程中得到了许多领导、专家和同仁的大力支持和帮助。感谢财政部相关司局在课题研究和评审过程中给予的指导和帮助；感谢有关专家在课题评审中所提出的宝贵意见，其很好地帮助了本书的研究和完善；感谢相关税务机关及企业单位为课题的调查研究提供的有效配合；最后，还要感谢中国财政经济出版社的领导和编辑为本书出版付出的努力！

本书所作的研究充分汲取了国内外众多专家、学者的研究成果，在此表示特别的感谢！

由于水平有限，书中不足之处在所难免，恳请读者批评指正。

作　者

2019年9月